Jeanne Ruland

# Mein Rauhnacht Begleiter

Ein lichtvoller Begleiter durch die
12 heiligen Nächte

ISBN 978-3-8434-1247-6

Jeanne Ruland
Mein Rauhnacht-Begleiter
Ein lichtvoller Begleiter durch
die 12 heiligen Nächte
© 2016 Schirner Verlag, Darmstadt

Umschlag: Murat Karaçay, Schirner, unter
Verwendung eines Bildes von Markus Schirner
sowie #247546312 (© Standret), #280864064
(© Studio10Artur), #324009974 (© Feaspb),
#103523714 (© isak55), #117584110 (©wenani),
www.shutterstock.com
Layout: Anke Müller, Schirner
Lektorat: Kerstin Noack, Schirner
Printed by: Ren Medien GmbH, Germany

www.schirner.com

3. Auflage Dezember 2016

Alle Rechte der Verbreitung, auch durch Funk, Fernsehen und
sonstige Kommunikationsmittel, fotomechanische oder vertonte Wiedergabe
sowie des auszugsweisen Nachdrucks vorbehalten

*Dieses Rauhnachtbüchlein*

*für das Jahr* ...........................................................................

*gehört* ..................................................................................

Persönliche Widmung / persönliche Segnung
...........................................................................................
...........................................................................................
...........................................................................................
...........................................................................................
...........................................................................................
...........................................................................................
...........................................................................................

Bei Verlust bitte an folgende Adresse senden:
...........................................................................................
...........................................................................................
...........................................................................................
...........................................................................................

*Danke*

# INHALT

**8 VORWORT**

**11 AUFBAU DES BUCHES**

**14 KURZE EINFÜHRUNG –**
*Der Weg in die Dunkelheit*

**18 DIE RAUHNÄCHTE BEGINNEN ...**

**20 *Wissenswertes:*
VOM JAHRESREGENTEN BIS ZUM CHINESISCHEN TIERKREISZEICHEN**

* Planet – Jahresregent im neuen Jahr   20
* Die Reiche und Engel der einzelnen Planeten aus der Kabbalah   22
* Der Einfluss des Mondes in den Rauhnächten   23
* Jahreszahlberechnung   26
* Chinesisches Tierkreiszeichen für das Jahr   35

## 45 RITUALE DER RAUHNÄCHTE

* Räuchern und Reinigen   45
* Rauhnächte sind Orakelnächte   52
* Träume und Traumverschiebung   54
* Laden und Reinigen von magischen Gegenständen   59
* Zeichen und Strömungen   62
* Segnungen – Wie segne ich?   63
* Säen der Lichtsamen   71

## 73 VORBEREITUNG AUF DIE RAUHNÄCHTE

* Jahresabschlussbilanz – Reflexion des alten Jahres   74
* Einstimmung in das neue Jahr   78
* Das Spiritteam im neuen Jahr   80

# BEGLEITUNG DURCH DIE RAUHNÄCHTE –
*Der Torweg in das neue Jahr*

| | | |
|---|---|---|
| \* 1. Rauhnachtimpuls | 24./25. Dezember | 88 |
| \* 2. Rauhnachtimpuls | 25./26. Dezember | 94 |
| \* 3. Rauhnachtimpuls | 26./27. Dezember | 100 |
| \* 4. Rauhnachtimpuls | 27./28. Dezember | 106 |
| \* 5. Rauhnachtimpuls | 28./29. Dezember | 112 |
| \* 6. Rauhnachtimpuls | 29./30. Dezember | 118 |
| \* 7. Rauhnachtimpuls | 30./31. Dezember | 124 |
| \* 8. Rauhnachtimpuls | 31. Dezember/1. Januar | 130 |
| \* 9. Rauhnachtimpuls | 1./2. Januar | 136 |
| \* 10. Rauhnachtimpuls | 2./3. Januar | 142 |
| \* 11. Rauhnachtimpuls | 3./4. Januar | 148 |
| \* 12. Rauhnachtimpuls | 4./5. Januar | 154 |

## 163 WEITERE RAUHNÄCHTE IM JAHR

- Walpurgisnacht 30. April/1. Mai  *164*
- Halloween 31. Oktober/1. November  *168*
- Allerheiligen/Allerseelen 1./2. November  *173*
- Hubertusnacht 2./3. November  *177*
- Andreasnacht 29./30. November  *181*
- Nikolausnacht 5./6. Dezember  *185*

## 190 ABSCHLUSS UND AUSKLANG

- Zusammenfassung zu den Rauhnächten  *190*
- Wunder der Rauhnächte – Erfahrungsberichte  *191*
- Abschluss  *197*

## 198 ÜBER DIE AUTORIN

## 199 BILDNACHWEIS

# VORWORT

*Das Leben ist ein Mysterium,
und Rätsel sind ein Teil des Weges.
Der Mysterienpfad beginnt in
der Dunkelheit, im leeren Raum
des Universums.*

Ich habe in den Rauhnächten 2014/2015 begonnen, an diesem Büchlein zu arbeiten, und es in den Rauhnächten 2015/2016 fertiggestellt. Die Aufteilung stammt aus meinen vielen Tagebüchern zu den Rauhnächten und basiert auf meinen eigenen, ganz persönlichen Erfahrungen während der Aufzeichnungen. Es ist eine Ergänzung zu meinem Büchlein »Das Geheimnis der Rauhnächte«.

Ich habe schon viele Wunder erlebt, die mir in dieser Zeit der Rauhnächte offenbart wurden und auch Kraft geschöpft für große Herausforderungen, die ich in der darauffolgenden Zeit zu meistern hatte. Keine Aufgabe ist so schwer, dass wir sie nicht meistern können, auch wenn sie uns an die eigenen Grenzen und darüber hinaus bringt. Die Wellen des Lebens tragen uns in guten wie in schwierigen Zeiten und ergeben letztlich die Symphonie unseres Seins.

*Ich wünsche dir* viel Spaß, Segen und Freude bei der Selbstentdeckung und der Gestaltung einer neuen Zeit. Manchmal können wir formen, manchmal werden wir geformt in der Hingabe an das, was gerade ist. Alles hat seine Zeit, diese dauert, so lange sie dauert. Geduld bedeutet, der Schöpfung zu vertrauen, dass die Samen, die wir mit unseren Gedanken, Worten und Impulsen säen, zu ihrer Zeit aufgehen werden.

Es ist wichtig, schöpferisch tätig zu werden, aber auch zu wissen, dass das Leben manchmal ganz anders spielt, als wir es planen, da wir viel mehr und viel tiefer mit allem verbunden sind, als wir es erahnen. Gedanken, Handlungen und Taten, die wir gegenwärtig vollziehen, haben tiefere und weitere Auswirkungen. Sie hallen in die Unendlichkeit und kehren letztendlich in ihrer Zeit zu ihrem Absender zurück und lösen aus, wozu sie gesandt wurden.

Wenn Ereignisse während des Jahres passieren, die so gar nicht in unsere Pläne passen, die uns schockieren, aufrütteln, berühren, so dienen sie uns, indem sie uns zum Wachsen anregen, und dazu, uns neu auszurichten.

**Frage dich bei all deinen Gedanken und Glaubenssätzen:**
* Dient es mir oder dem Gesamten?
* Tut es wohl?
* Macht es mich frei, und führt es mich zurück in das Glück?

Wenn nicht – so lasse diesen Gedanken und Glaubenssatz einfach los.

Begrenze dich nicht auf dieses Leben, richte dich in die Ewigkeit aus – dann werden die richtigen Impulse dein Leben steuern. Wir erhalten immer wieder Gelegenheiten zur Erkenntnis, zur Wandlung, zur Lösung und zur Einsicht, wenn wir unser Herz offen halten, was immer auch geschieht.

In diesem Sinne wünsche ich uns allen neue, friedvolle Wege des lebendigen Geistes der Liebe und spirituelle Geborgenheit. Wir sind nicht und niemals allein. Wir sind geborgen in den spirituellen Welten. Meister und Engel leiten uns an. Liebe, Frieden, Segen und Gnade sind immer da, wenn wir uns diesen Energien zuwenden. Die Lösung ist in jeder Aufgabe bereits enthalten.

Die wahre Kraft kommt von innen, aus dem dunklen Raum des inneren Lichtes der Ewigkeit, den wir in den Weihenächten und den Rauhnächten durchschreiten.

## ALOHA UND VIEL SEGEN

*Jeanne Ruland*

# AUFBAU DES BUCHES

*Der Tag ist kurz –*
## DIE NÄCHTE LANG.
*Wandeln wir im Traum
und Sterne schauen auf uns herab, merken wir es kaum.
Mystisch sind die Tage, wir ahnen es ganz vage.
Wichtel, Engel, Lichtkinder und
Sternenklänge tönen sanft in harmonischen Gesängen.*
## EIN SEGEN FÄLLT
*leise auf diese Welt, öffne dich, mach dich bereit,
empfange das Licht einer neuen Zeit.
Es wird dein Schicksal beleuchten und erfüllen
und dir den Samen des neuen Jahres enthüllen.
Wandere unter dem Sternenzelt.*
## EIN STERN,
*er ist für dich, der deinen Weg erhellt.*

*Willkommen* in dieser mystischen Zeit, in der sich die Schleier zwischen den Welten lüften und wir einen tiefen Einblick erhalten in das Wunder des Lebens und die schöpferischen Kräfte des Universums. Dieses Büchlein ist dazu gedacht, dich an die Hand zu nehmen und dich durch die Rauhnächte und das neue Jahr zu führen.

Im ersten Teil dieses Buches bekommst du eine kleine Einführung in die Zeit der Rauhnächte, die du auch ausführlich in meinem Büchlein »Das Geheimnis der Rauhnächte« nachlesen kannst. Dieses Buch hat einen regelrechten Boom ausgelöst und Türen geöffnet in die Magie dieser Zeit, da es aus langjährigen praktischen Erfahrungen mit den Rauhnächten entstanden ist.

Aufgrund der großen Nachfrage entstand vor zwei Jahren die Idee, ein Begleitbüchlein zu erschaffen, das den Menschen ein Werkzeug an die Hand gibt, um Gedanken, Träume, Zeichen und Ereignisse gleich mitschreiben zu können. Auf diese Weise kannst du im laufenden Jahr immer mal wieder hineinschauen, um die Synchronizität und die Ereignisse der Rauhnächte mit dem Jahr abzugleichen. Dieses Büchlein hältst du jetzt in der Hand. Ich persönlich freue mich sehr darüber, da ich jetzt für die kommenden Jahre meinen persönlichen Begleiter habe. Zugleich ist dieses Buch als Erweiterung seines Vorgängers gedacht, um dir neue Anregungen für die Rauhnachtzeit zu schenken.

Im zweiten Teil dieses Buches erfährst du Wissenswertes zum Verständnis der Rauhnächte. Dieser Teil ist wie ein kleines Nachschlagewerk aufgebaut, in dem du Zahlenbedeutungen, die Chinesischen Tierkreiszeichen, die Mondphasen und ihre Bedeutungen in den Rauhnächten und viele allgemein gehaltene Hinweise nachlesen kannst, die jedoch jedes Jahr sehr individuell und einzigartig sein lassen. Auf diese Weise kannst du dich auf das neue Jahr einschwingen und mehr über seine Besonderheiten herausfinden.

Im dritten Teil folgt die Vorbereitung auf die Rauhnächte. Sie ermöglicht dir, mit dem alten Jahr abzuschließen und dich innerlich auf das neue Jahr und die neue Jahresschwingung einzustimmen. Wenn wir auf das Jahr vorbereitet sind, können wir alles meistern, was ansteht. Anschließend folgt der Torweg in die Rauhnächte. Hier geht es Tag für Tag – und damit Monat für Monat – durch das neue Jahr. Nimm dir jeden Tag etwas Zeit, schreibe deine Impulse, Eingebungen und Erlebnisse dieses Tages auf – auch die Samen und Wünsche, die du in dieser Zeit bewusst säst, damit diese im neuen Jahr oder in den kommenden Jahren aufgehen können. Alles hat seine Zeit.

Im letzten Teil findest du weitere Rauhnächte und besondere Tage, die im neuen Jahr besondere Beachtung finden können. Sie dienen dazu, innezuhalten, still zu werden, Bilanz zu ziehen, Pläne zu ändern oder umzustrukturieren, sich neu auszurichten und sich wieder mit dem großen Plan, der aktuellen Energie und dem Erdenweg abzugleichen.

Ich wünsche dir viel Freude, viele Aha-Erlebnisse und Schöpferkraft, um dein Jahr mit Segen, Glückseligkeit, Freude, Gesundheit, Vitalität und Erfolg zu gestalten. Du bist der Schöpfer. Stille und Innenschau sind immer wieder wichtig, damit der Flow einsetzen kann. Alle Kraft kommt von innen und möchte mit dem Außen abgeglichen werden.

## ALOHA UND VIEL SEGEN IM NEUEN JAHR

*Deine Jeanne Ruland*

# KURZE EINFÜHRUNG –
## Der Weg in die Dunkelheit

Die Dunkelheit ist liebevoll und nicht böse. Das Leben ist keineswegs ein Krieg zwischen den Mächten des Bösen und der Güte des Lichtes. Es gibt vielmehr eine gute Dunkelheit und eine schlechte, wie es auch ein gutes und ein böses Licht gibt. Der dritte Weg sieht die Dunkelheit ganz anders, als es gewöhnlich der Fall ist: Sie ist die größte Heilerin von allen. Es geschieht in der Dunkelheit, dass wir uns von Krankheit erholen. Es geschieht in der Dunkelheit, dass wir schlafen und unsere Sorgen wegträumen. Es geschieht in der Dunkelheit, dass Neues entsteht und Altes vergeht. Das Leben selbst entfaltet sich im dunklen Mutterschoß.

Ein Mysterium des Schamanismus liegt im dritten Weg begründet, der die wahre Natur der Dunkelheit enthüllt.

Im christlichen Schöpfungsmythos blickte Gott in die Finsternis, in die allumfassende Leere. Er erschuf etwas, um sie zu erfüllen. Seither blieb er von dem getrennt, was er erschaffen hatte, außerhalb der Natur und der Menschheit. Daraus folgerte man, dass Gott zu gut sei, um Teil der Natur zu sein, und die materielle Welt böse. Gott wird verehrt, aber die Erde, die Mutter aller Dinge, kann ausgebeutet werden, denn an ihr scheint nichts Heiliges zu sein.

Das war nicht immer so. Ursprünglich erschuf Gott Himmel und Erde und nicht Himmel und Hölle. Diese göttliche Kraft wohnt in allem und vor allem in jedem Herzen. Im Wechselspiel dieser Kräfte entfaltet sich die Schöpfung optimal. Die Erde und die Wege der Erde wurden genauso geehrt und gefeiert wie der Segen des Himmels. Die Schöpfung wurde geliebt und gehütet, da sie das Göttliche in ihr offenbart.

Das Leben ist ein Tanz zwischen Ebbe und Flut, Licht und Dunkelheit, Einatmen und Ausatmen, Himmel und Erde, Männlich und Weiblich. Der Weg in die Dunkelheit war ein Weg in den liebenden, vitalen, dunklen Schoß der Mutter (lat. »mater«, verwandt mit »Materie«), aus dem alle Dinge entstehen. Die Natur ist gut und heilig, sie liebt und umarmt alles.

In unserer Gesellschaft hat der Begriff »dunkel« einen negativen Beiklang. Doch die Dunkelheit ist auf den alten Pfaden der Menschheit nicht böse, sie ist die liebende Mutter aller Dinge. Die sanfte Stimme, die aus dem Verborgenen zu uns spricht. Jenseits der beleuchteten Atmosphäre der Erde herrscht überwiegend Dunkelheit. Der Kosmos befindet sich nicht in einem Gleichgewicht aus Licht und Dunkelheit, sondern ist zum allergrößten Teil dunkel. Der größte Teil eines Atoms besteht aus Leere.

Es gibt tatsächlich nur wenig »Materie« in der materiellen Welt. Würde man den gesamten Planeten auf die tatsächliche Masse der darin enthaltenen Materie zusammenpressen, würde er glatt in die Spitze eines Berges passen. Der größte Teil der Wirklichkeit ist dunkel und leer. Doch so, wie die Dunkelheit nicht böse ist, handelt es sich hier um keine böse Leere. Die Leere ist die Mutter selbst, voll Liebe, innerem Licht und Fruchtbarkeit. Die heutige Verachtung für die Dunkelheit drückt sich recht subtil aus: »Wo viel Licht ist, ist viel Schatten.« Das ist, als würde man sagen, ein schöner Nachthimmel sei nur deshalb gut, weil er uns hilft, den Taghimmel mehr zu ehren.

Beginnen wir, beide Kräfte – Licht und Dunkel – gleichermaßen zu lieben, dann können wir tanzen und uns im EINKLANG mit der Welt wiederfinden. Habe keine Angst vor dem Universum und der Dunkelheit. Sie ist die liebende Mutter, die dich in ihrem warmen Schoß umfängt, wiegt, tröstet, heilt und nährt.

In diesem Sinne wandern wir in dieser dunklen Zeit zum Ursprung der Existenz, um neu zu schöpfen und mitzugestalten, um unserem

Leben eine Wende und neue Kraft geben zu können. In dieser Zeit können wir uns nach innen wenden, um zu reflektieren, alte Dinge abzuschließen, uns zu erholen und aufzuladen. Wandle auf dem Pfad der liebenden, allumfassenden und einhüllenden Dunkelheit.

# Die dunkle Jahreszeit

## November

Das Jahr ist alt — es ist vollbracht,
wir wandern in der dunklen Nacht.
Es ist viel geschehen und vieles versäumt,
wir haben es uns weggeträumt.
Wir schauen nun in das Geflecht des Lebens,
es ist ein Kreislauf des Nehmens und Gebens.
Heilung geschieht in Vergebung und Gnade.
Es hilft uns auszusteigen aus dem Rade.
In der Mitte zu ruhen und das zu tun,
was der Himmel uns weist in seiner Allmacht
unter der strahlenden Sternenpracht.
Kraft kommt von innen, aus dem Herzenslicht.
Wir wissen, was zu tun ist und was nicht.

Mit dem November, der Ahnenzeit, der Zeit unseres wahren Erbes, aber auch der alten unerlösten Belastungen unserer Ahnen, beginnt der Weg in die Dunkelheit. Wir kommen aus diesem Reich, und wir kehren irgendwann in die Reihen unserer Ahnen zurück. In frühen Zeiten suchte man die heiligen Plätze der Ahnen auf, um in die Stille zu lauschen und sich des ewigen Schutzes der Liebe bewusst zu sein. Der Weg geht in die Tiefe, an die Wurzeln – alles Überflüssige wird weggetragen. Übrig bleibt das Geflecht des Lebens, in das wir eingebettet sind, vielleicht schon seit Urzeiten. Themen tauchen auf, von denen wir meinten, sie schon längst hinter uns gelassen zu haben, unerlöste Gefühle bahnen sich ihren Weg. Vergebung und Hoʻoponopono sind die Wege, die uns frei machen und helfen, das alte Feld zu reinigen.

*Der Mist von gestern ist der Dünger für morgen  
im großen Kreislauf des Lebens. Es ist eine Zeit der Transformation.*

## Dezember

Mit dem Dezember beginnt zumeist die Adventszeit – die Zeit der Ankunft. Man spürt deutlich die Veränderung in der Energie. Sie zieht nach oben, weit in den Lichtbereich des Alls. Von dort aus macht sich das neue Licht auf den Weg, um empfangen und geboren zu werden. In diese Zeit fällt auch die »Mutternacht«, wie sie früher genannt wurde, denn das Licht wird in der Dunkelheit, in der dunkelsten Stunde wiedergeboren, um sich dem neuen Tag zu offenbaren.

In der Weihnachtsgeschichte spiegelt sich der Mysterienpfad dieser Zeit und der Weg der Manifestation des Geistes in die Materie.

# DIE RAUHNÄCHTE
## *beginnen ...*

Rauhnächte sind heilige Nächte, in denen die Tore zur Anderswelt weit geöffnet sind. Es gibt verschiedene Rauhnächte im Jahresverlauf. Eine Rauhnacht ist zum Beispiel die vom 31.10. in den 1.11., in der man über Träume und Visionen einen Einblick in das neue Jahr erhalten kann.

In früheren Zeiten nutzte man die Zeit der Rauhnächte, um im Kreise der Familie zu feiern, alte Weisheiten und Geschichten weiterzuerzählen, zu lauschen, in sich einzukehren und das neue Jahr für sich zu planen. Was steht im neuen Jahr an? Was liegt vor uns?

Wir durchlaufen in den Rauhnächten verschiedene Tage und Qualitäten, die ganz ausführlich in meinem ersten Büchlein beschrieben sind[1] und nochmals bei den einzelnen Rauhnächten in diesem Büchlein auftauchen werden. Besonders während der Rauhnächte

---
1 Jeanne Ruland: Das Geheimnis der Rauhnächte. 17. Aufl. Darmstadt: Schirner 2016. S.16 ff.

kann man verschiedene Naturphänomene beobachten, die das Neue ankündigen und eine besondere Wende-Zeit markieren: Dazu gehören das Licht, da die Sonne extrem tief steht, die feinstofflichen Aktivitäten, die für feinfühlige Menschen in dieser Zeit besonders spürbar sind, und das Verhalten der Tiere und Pflanzen. In der Tiefe beginnen das neue Leben, der neue Lebenssaft sich zu bewegen.

Eine Rauhnacht beginnt um Mitternacht und endet um Mitternacht des darauffolgenden Tages. In den Tagen zwischen den Jahren gibt es 12 Rauhnächte, die jeweils für die 12 Monate des neuen Jahres stehen. Diese 12 Nächte sind der Torweg zwischen den Jahren, in denen wir in das Geflecht des Lebens schauen können. Darum werden diese Rauhnächte vorsichtig und wachsam begangen, da sie das ganze kommende Jahr in sich bergen und jeder selbst dafür verantwortlich ist, wie er die Weichen in dieser Zeit stellt.

In einigen Traditionen beginnen die Rauhnächte am 21.12. zur Wintersonnenwende, in anderen Traditionen in der Nacht vom 24.12. auf den 25.12. Für mich macht es Sinn, die Rauhnächte am 24.12. zu beginnen, da der Umschwung der Erdachse in drei Intervallen stattfindet und sich erst am 24.12. vollendet.[2] Hier endet und beginnt der Weg des Lichtes, das um diese Zeit wiedergeboren wird.

..........................

2 Anmerkung: Zur Wintersonnenwende am 21.12., in der tiefsten, längsten und dunkelsten Nacht des Jahres, gebiert die Göttin das Sonnenkind. Die Sonne steht so tief am Horizont wie an keinem anderen Tag. Die Erdachse beginnt ihren Umschwung. Am 22.12. ist Stillstand und Einheit, und erst am 24.12., nach drei Intervallen beginnt die endgültige Wende und damit der Umschwung der Erdachse. Die Tage werden wieder länger, das Kind des Lichtes ist geboren, die Jungfrau geht als Sternbild am nördlichen Himmel auf. Das Licht kehrt nun endgültig zurück.

# WISSENSWERTES:
## VOM JAHRESREGENTEN
*bis zum Chinesischen Tierkreiszeichen*

### Planet – Jahresregent im neuen Jahr

Finde heraus, welches der Jahresregent des neuen Jahres ist.

1. Saturn – 2. Jupiter – 3. Mars – 4. Sonne – 5. Venus – 6. Merkur – 7. Mond

Diese Reihe wird »chaldäische Reihe« genannt und besteht aus den sieben klassischen Gestirnen, die sich nach ihrer mittleren Geschwindigkeit ordnen und sich in dieser Reihenfolge abwechseln.

Z. B. 2015 Jupiterjahr – 2016 Marsjahr – 2017 Sonnenjahr – 2018 Venusjahr – 2019 Merkurjahr – 2020 Mondjahr – 2021 Saturnjahr – 2022 Jupiterjahr – 2023 Marsjahr – 2024 Sonnenjahr usw.

Diese sieben Gestirne bestimmen ebenfalls unsere Wochentage: Sonne – Sonntag, Mond – Montag, Mars – Dienstag, Merkur – Mittwoch, Jupiter – Donnerstag, Venus – Freitag, Saturn – Samstag

**Ein Beispiel:**

2016 Marsjahr – beginnt am Freitag – Tag der Venus
**Das Motto könnte sein:** Der Liebe dienen!

2017 Sonnenjahr – beginnt am Sonntag – Tag der Sonne
**Das Motto könnte sein:** Licht aus Licht – ewiges Licht!

2018 Venusjahr – beginnt an einem Montag – Tag des Mondes
**Das Motto könnte sein:** Höre auf dein Herz! Vertraue deiner Intuition!

# Die Reiche und Engel der einzelnen Planeten aus der Kabbalah

In der nachfolgenden Tabelle kann in Verbindung mit dem Jahresregenten die übergeordnete Himmelskraft nachvollzogen werden. Im Sonnenjahr 2017 führt beispielsweise Erzengel Michael als Hauptengel durch das Jahr. Diese Tabelle kann auch für das persönliche Horoskop, das Solar des neuen Jahres, genutzt werden.

1. Saturn – Aralim – Erzengel Zafkiel – Reich Binah – Vernunft, Verstand
2. Jupiter – Haschmalim – Erzengel Tsadkiel – Reich Hesed – Barmherzigkeit, Gnade
3. Mars – Seraphim – Erzengel Kamael – Reich Geburah – Willenskraft, Stärke, Strenge
4. Sonne – Malachim – Erzengel Michael – Reich Tipharet – Schönheit und Gleichgewicht
5. Venus – Elohim – Erzengel Haniel – Reich Netzach – Sieg, Macht
6. Merkur – Elohim – Erzengel Raphael – Reich Chod – Ruhm, Herrlichkeit
7. Mond – Cherubim – Erzengel Gabriel – Reich Jesod – Grundlage, Basis, Fundament

Die Rituale zu den einzelnen Engeln und Reichen findest du in meinem Buch »Die lichte Kraft der Engel«[3]. Sie helfen, sich optimal auf das Jahr und die Bestimmung des Jahres von der geistigen Ebene her einzustimmen.

---

[3] Jeanne Ruland: Die lichte Kraft der Engel. Darmstadt: Schirner 2016.

# Der Einfluss des Mondes in den Rauhnächten

Vollmond und Neumond sind Wendepunkte, an denen die Energie von dem einen in den anderen Zustand wechselt. Folgende Mondphasen finden Beachtung: voll, abnehmend, neu und zunehmend.

* **Vollmond** – Höhepunkt der sich aufgebauten Energie
* **Abnehmender Mond** – Innenwendung
* **Halbmond im abnehmenden Mond** – Innehalten – Reflexion
* **Neumond** – Tiefpunkt der sich abgebauten Energie
* **Zunehmender Mond** – Handlungen im Außen
* **Halbmond im zunehmenden Mond** – Innehalten – Reflexion

**Hier die Kurzbedeutung der Mondphasen:**

**Neumond:** Frühling – Bewegung, Aufbruch, Wachstum, Verwirklichung. Guter Zeitpunkt, um etwas Neues zu beginnen, ein neues Muster zu etablieren, säen, pflanzen, wachsen lassen, aktiv werden. Dunkelmond – 2. Neumond im selben Monat. Themen: Schutz, Reinigung, Abwehr, Rückzug.

**Zunehmender Mond:** Sommer – Reife, Erwachen, Veränderung. Stärkend, aufbauend, vergrößernd, verbindend. Lösungen finden, Ernte erkennen, Selbstheilungs- und Regenerationskräfte sind aktiv. Themen: Berufung, Stärkung, Kraft, Gewinn, Liebe und Verbindungszeremonien.

**Vollmond:** Herbst – Verwirklichung, Aufarbeitung, Visionen, Träume, Lösung und Entspannung. Wechsel von der materiellen in die geistige Sicht. Erkenntnisse, Vergebung, Erlösung. Themen: Traumverschiebung, Visionen, tiefe Empfindungen, Öffnung in den geistigen Raum, Wechsel.

**Abnehmender Mond:** Winter – Meditation, Innenschau, Loslassen, Verabschieden, Rückzug, Reinigung, Blick für das Wesentliche, Verbindung mit dem Höheren Selbst, Kraft von innen, Empfangen, Herzhören. Entrümpeln, Aufbruch, Erkenntnisse, Geistige Sicht, Neuausrichtung, Neuorientierung. Themen: Vergebung, Lösung, Abschied, Neubeginn, Erwachen.

Ein Energiewechsel, Musterwechsel braucht 21 bis 28 Tage – d. h. einen Mondzyklus lang. In dieser Zeit wird alte Energie abgebaut und die neue aufgebaut und stabilisiert, damit sie sich im Leben verwirklichen kann. Es ist günstig, neue Glaubenssätze, Ziele, Wünsche mindestens 28 Tage lang zu verinnerlichen, durch Meditation und Konzentration, Affirmationen u. Ä.

Schaue, wo in den Rauhnächten der Vollmond und der Neumond stehen und durch welche Mondphasen die Rauhnächte gehen. Man kann auch schauen, in welchem Zeichen der jeweilige Mond steht.

**Ein Beispiel:**

Vollmond an Weihnachten 25.12. – in den darauffolgenden Rauhnächten nimmt der Mond ab bis zum 10.01., Neumond. Das kann für das kommende Jahr bedeuten: Loslassen, reinigen, es gibt viel loszulassen!

# Jahreszahlberechnung

Die Jahreszahl ergibt sich aus der Quersumme der einzelnen Ziffern z. B.: 2016 = 2+0+1+6 = **9**   2+0+1+9 = 12

Man kann auch die Zahl für seinen Geburtstag oder für wichtige Tage in diesem Jahr über die Quersumme berechnen: z. B.: Geburtstag: 23.04.2016 = 2+3+0+4+2+0+1+6 = 18 = 1+8 = **9**

Hier ein kleiner Einblick in die Zahlen und ihre Bedeutung:

## Zahl 1

### DIE FACKELTRÄGER – PIONIERE
Eins – Einheit – Allverbundenheit – Höchstes Selbst

### DER PUNKT – DIE KUGEL – DIE BLUME DES LEBENS
Die Eins enthält alles. Aus ihrer Vervielfachung gehen alle anderen Zahlen hervor. Sie ist die Unteilbarkeit, das Eine, die Einheit, das Göttliche. Die Kugel ist die Mutter der platonischen Körper, in der alles andere enthalten ist. Sie kann sich in alles hineinbewegen. Aus ihr entsteht die Blume des Lebens, das Schöpfungsmuster des lebendigen Seins. Sie ist die Urquelle, die sich in die Unendlichkeit ausdehnen und auf einen Punkt zurückziehen kann.

Menschen mit der Zahl 1 sind Manager, Krieger, Kämpfer, Führer, Lenker und Leiter. **Positiv:** Sie haben Disziplin, sind anpassungsfähig und unternehmerisch. Sie sind Visionäre mit hohen Idealen.

Sie gehen voran und machen den Weg frei. Sie sind zuverlässig in Beziehungen. **Negativ:** Sie verbergen oft ihre Gefühle, haben Selbstzweifel, übernehmen zu viel Verantwortung, machen viel mit sich selbst aus, verschließen manchmal ihr Herz.

# Zahl 2

## DIE FRIEDFERTIGEN – FRIEDENSBRINGER

Der Weg der Mitte, aus eins wird zwei, und zwei sind eins, die Dunkelheit – sie ist vergangen.

## YIN & YANG

Die Einheit verdoppelt sich zur Zweiheit. Es entsteht ein Paar, das in Beziehung zueinander steht, aber gegensätzlicher nicht sein könnte. Dadurch entsteht der Raum für Schöpfung und die Freiheit des Schaffens. Die gegensätzlichen Strömungen erschaffen das Spannungsfeld für neues Leben.

Menschen mit der Zahl 2 sind Lehrer, Weisheitsvermittler, Wissende, Friedensbringer. **Positiv:** Sie sind die geborenen Diplomaten, gesellig, fürsorglich, taktvoll, friedfertig. Sie sind eine Quelle der Harmonie in Beziehungen. **Negativ:** Sie sind schüchtern, verträumt, haben Ideale, die sie oft im täglichen Leben nicht finden können. Andere profitieren von ihren Ideen, ohne dies gebührend anzuerkennen.

## Zahl 3

### DER KÜNSTLER – DER ERSCHAFFER

Die Trinität ist eine Kraft, die aus Licht das Leben erschafft. Aus drei wird alles und kehrt zurück. Hier webt sich das Lebensglück.

### DREISTERN – FEENSTERN – LICHTFENSTER – DREIFÄLTIGE FLAMME

Die dritte Dimension hebt den Dualismus auf und entfacht das göttliche Licht. Die Drei erzeugt alle Dinge, sie ist das Symbol der handelnden und wirkenden Gottheit. Liebe, Weisheit und innere Führung bzw. Handlung bringen den Geist in die Form. Die Trinität ist das Lichtprinzip, das sich in die Form gebiert. Man findet sie in Märchen, Mythen und Legenden: Dreimal muss eine Sache geschehen, bevor sie sich materialisiert. Die drei Nornen spinnen den Lebensfaden und symbolisieren Beginn, Höhepunkt und Ende usw.

Menschen mit der Zahl 3 sind die geborenen Künstler, Lebenskünstler und Seher. **Positiv:** Sie sind vital, voller Ideen und künstlerischer Ausdrucksmöglichkeiten wie Schauspielerei, Malen, Musizieren, Tanz und Theater. Sie haben einen Sinn für Ästhetik und Schönheit und lieben sinnliche Erfahrungen. In Beziehungen sind sie inspirierend und kreativ. **Negativ:** Sie suchen das Abenteuer und die Grenzerfahrung, verstecken ihre sensible und leicht verletzliche Seele hinter Kühnheit, verlieren sich in ihren Idealen.

# Zahl 4

## DIE ARCHITEKTEN UND FORMBAUER

*»Das Dao gebar das Eine, das Eine gebar die Zweizahl, die Zweizahl gebar die Dreizahl, aus der Dreizahl wurde die Vielzahl. Die Vielzahl der Dinge, getragen vom Yin umfangen vom Yang ...«*

(LAOTSE, TAO TE KING)

## VIERSTERN – HEXAEDER – QUADRAT

Die Vier ist das Symbol der sichtbaren Wirklichkeit. Sie steht für die vier Himmelsrichtungen, die vier Jahreszeiten, die vier Elemente, die Säulen der Erde. Die Geistige Welt offenbart ihr Antlitz der materiellen Wirklichkeit – Stabilität, Raum, Ordnung, statische Ausrichtung.

Menschen mit der Zahl 4 haben ein Talent, Dinge zu strukturieren, ihnen Halt und Form zu geben, sie umzubauen und neu zu ordnen. **Positiv:** Sie sind gute Organisatoren und Vermittler. Sie sind geistvoll, intuitiv, freundlich, stabil und klar. In Beziehungen sind sie praktisch und verlässlich. **Negativ:** Sie sind launisch, emotional kühl, oft abwesend und geistig beschäftigt. Sie lassen sich leicht umstimmen und haben Schwierigkeiten, ihre Gefühle zu zeigen.

# Zahl 5

## DIE HEILER UND WISSENSCHAFTLER

Die Fünf ist eine heilige Zahl, da sie Kraft, Vollkommenheit und Wachstum symbolisiert. Sie gilt als Zahl der Glückseligkeit und Gnade und ist das alles verbindende Glied der Zahlenreihe. Die Fünf hilft uns, über unsere Begrenzungen hinauszuwachsen.

## DER FÜNFSTERN – PENTAGRAMM – QUINCUNX – DODEKAEDER

Der innere Punkt ist unverrückbar auf das geistige Zentrum ausgerichtet. Die fünfte, geistige, ewige Kammer im Herzen. Die Fünf steht für: Erwachen, Licht und Liebe auf die Erde bringen, die Kraft im Inneren erkennen, mit Licht und Liebe heilen, über sich hinauswachsen sowie im Allgemeinen für Wachstum, Beständigkeit, Ernsthaftigkeit, Forschung, Wissenschaft, Erkenntnis, Menschlichkeit, Liebe.

Menschen mit der Zahl 5 haben einen starken Drang, zu forschen und zu hinterfragen. **Positiv:** Sie sind die geborenen Wissenschaftler und Erfinder, Menschen, die neue Wege wählen und suchen, auf allen Gebieten des Lebens. Sie gehen Herausforderungen an und führen oft ein erfolgreiches Leben in Wohlstand. In Beziehungen schätzen sie ein gutes, sicheres Zuhause. **Negativ:** Sie kommandieren andere gerne herum, gehen oft nicht auf andere ein. Sie können taktlos, anstrengend, abwertend und zerstörerisch sein.

# Zahl 6

## DIE LIEBENDEN
Lasse das Licht der Liebe leuchten.

## DER SECHSSTERN – DAVIDSTERN – HEXAGRAMM – MERKABA

Die Sechs steht für die Entfaltung des Lichtkörpers, für Gleichgewicht, Harmonie, Balance zwischen Männlich und Weiblich, für Schönheit und Liebe. Der Sechsstern ist der Stern der Liebe, der männlich und weiblich auf Augenhöhe in Liebe und Licht vereint.

Menschen mit der Zahl 6 sind gerne für andere Menschen da. **Positiv:** Ihr Dienst ist der Dienst am Menschen. Sie tragen hohe Ideale und verkörpern diese auch. Sie sind Visionäre, unabhängig, selbstsicher, hilfsbereit, offen, handeln aus ihrem Herzen heraus und haben eine gute Intuition. Ihr Tun ist fruchtbringend. In der Beziehung können sie sich ganz hingeben. **Negativ:** Sie verlieren sich im Anderen. Sie verschließen sich gegenüber sich selbst. Der Andere zählt mehr als das eigene Sein. Sie übernehmen zu viel von anderen, Geben und Nehmen sind nicht im Gleichgewicht.

# Zahl 7

### DIE ALCHEMISTEN
Aus Blei mach Gold, die Liebe zählt, das Licht des Geistes dich auswählt. Öffne dein Herz, entfalte dein Licht, bis der neue Tag anbricht. Das einzig Beständige ist der Wandel.

### DER SIEBENSTERN
Im Siebenstern steckt das alte Wissen. Die Zahl Sieben erscheint in allen möglichen Zusammenhängen. Es gibt sieben Chakren, sieben Stufen, sieben Tage, sieben Sakramente usw. Der Siebenstern steht für Entwicklung, Erkenntnis, Entfaltung und die Anwendung der schöpferischen Kräfte.

Menschen mit der Zahl 7 haben die Fähigkeit, Dinge zu wandeln und zu transformieren. **Positiv:** Sie sind Schauspieler, Lehrer, Aktivisten, Politiker, Priester. Sie können hart arbeiten, sind kompetent, stilvoll, weitsichtig, forschend, offen für Neues, anregend, charismatisch und haben den siebten Sinn. Sie haben eine spirituelle Ader und eine Ausrichtung auf etwas Größeres, Allumfassendes. In der Beziehung suchen sie nach Gott. **Negativ:** Sie haben einen Hang zur Vergnügungssucht und zu Süchten überhaupt. Sie sind überheblich, arrogant, besserwisserisch, manipulativ, unnahbar.

# Zahl 8

## DIE AUSGLEICHENDEN

Erwachen, Vollenden, Unendlichkeit, Einweihung, Selbstmeisterung, Erweiterung. Erkenne dich selbst.

Wie unten, so oben. Wie innen, so außen. In der Resonanz der Welt kannst du dich selbst erkennen. Vollende dich, denn alles ist bereits in dir. Und dasjenige, welches oben ist, ist gleich demjenigen, welches unten ist, um zu vollbringen die Wunderwerke eines einzigen Dinges.

## DER ACHTSTERN – OKTOGON

Das Oktogon ist eine höhere Stufe der Einweihung. Die Endlichkeit ist überwunden, und die Transformation in höhere Ebenen hat stattgefunden. Die Acht weist auf das ewige Leben in der neuen Schöpfung hin und steht für das Überwinden der Grenzen des menschlichen Daseins. Acht Töne sind eine Oktave. Das Bagua im Feng-Shui trägt die Form eines Achtecks, Oktogons.

Menschen mit der Zahl 8 gleichen aus, bringen zu Ende, erhöhen die Energie und bringen Gerechtigkeit. **Positiv:** Sie haben eine ausgeprägte Intuition und ein Gespür für die richtige Zeit, den richtigen Ort und die richtige Handlung. Sie sind oft Vermittler, Übersetzer und verbinden eins mit dem anderen. In Beziehungen sind sie vorsichtig und taktvoll und brauchen lange, bis sie sich öffnen. **Negativ:** Sie sind unentschlossen, abwägend, stur, besserwisserisch. Sie haben Kommunikationsschwierigkeiten und vergessen oft, sich selbst mit einzubeziehen.

# Zahl 9

## DIE WEISEN – DIE HEILIGEN

*»Du bist nicht ein Tropfen im Ozean, du bist der ganze Ozean in einem einzigen Tropfen.« (RUMI)*

Zugang zum Höheren Selbst. Erleuchtung. Zugang zur universellen Weisheit. Alles ist bereits in dir. Ziehe dich zurück, verbinde dich mit der Quelle in dir, und du weißt den Weg, die Antwort und die Handlung, die auszuführen ist.

## DER NEUNSTERN – ENNEAGRAMM

Das Enneagramm besteht aus einem Kreis und drei Mal drei Dreiecken. In ihm sind alle Aspekte der anderen Zahlen enthalten. Die Zahl 9 symbolisiert schöpferische Kräfte, Gotteserfahrungen, Weisheit und Erkenntnis. In der Stille des ALL-EINS-SEIN strömt das Licht der Quelle ein. Unsere Seele, im Sanskrit »Atman« genannt, ist das Glück und die Seligkeit. Erinnern wir uns an das, was wir bereits sind.

Menschen mit der Zahl 9 sind gute Ratgeber, weise, Zuhörer und Aussteiger. **Positiv:** Sie suchen neue Wege. Sie sind mit allem verbunden und doch ganz alleine. Sie sind warmherzig, schlagfertig, intelligent und können begeistern und motivieren. In Beziehungen fühlen sie sich schnell eingeengt. Sie brauchen Weite, Freiheit, Luft und Zeit für sich selbst. **Negativ:** Sie sind kompliziert, ungeduldig, wechselhaft. Sie fühlen sich unverstanden, können nicht ausdrücken, was sie empfinden. Sie sind manchmal verschlossen und möchten sich weder Aufgaben noch anderen Menschen langfristig hingeben.

# Chinesisches Tierkreiszeichen für das Jahr

## Das Chinesische Horoskop – Die Entstehung der zwölf Tierkreiszeichen

Die Lehre der 12 Tierkreiszeichen wurde vor über 2000 Jahren in der Han-Dynastie entwickelt. Sie ist im gesamten asiatischen Raum weit verbreitet. Das chinesische Horoskop kann mit dem westlichen Horoskop nur bedingt verglichen werden. Während bei uns die Tierkreiszeichen jeden Monat wechseln, so gilt dort ein Tierkreiszeichen jeweils für ein Jahr. Diese zeigen Charaktereigenschaften, Neigungen und Talente der Menschen und Qualitäten der jeweiligen Jahre auf. Jedoch stimmt unser Kalender nicht mit dem chinesischen überein. Neujahr wird in China Ende Januar oder mitten im Februar gefeiert. Deswegen empfiehlt es sich, immer genau für das jeweilige Jahr nachzuschauen, gerade wenn man im Januar oder Februar geboren ist. Immer mehr Menschen interessieren sich für ihr chinesisches Zeichen. Deshalb hier eine Kurzversion zum Nachschauen.

# Das Jahr der Ratte

Erstes Zeichen des Kreises –
Zeichen des Charmes und des Einsatzes

**Jahre:** 1912 (Wasser), 1924 (Holz), 1936 (Feuer), 1948 (Erde), 1960 (Metall), 1972 (Wasser), 1984 (Holz), 1996 (Feuer), 2008 (Erde), 2020 (Metall)
**Eigenschaften:** schlau, selbstbewusst, optimistisch, intelligent, aggressiv, geizig

Unter dem chinesischen Sternzeichen Ratte Geborene sind neugierig, geistreich, schlau, gewitzt, intelligent und selbstbewusst. Trotz Querelen gehen sie frohgemut und optimistisch durch ihr Leben. Sie können hart und perfektionistisch arbeiten. In Geldsachen sind sie meist vorsichtig, schlau, wenn nicht sogar ein wenig geizig. Das Jahr der Ratte ist ein Jahr des Gewinns und des Erfolgs. Die Stunde der Ratte ist zwischen 23.00 und 01.00 Uhr. Westliche Entsprechung: Schütze

# Das Jahr des Ochsen/Büffels

Zweites Zeichen des Kreises –
Zeichen des Fleißes und der Friedfertigkeit

**Jahre:** 1901 (Metall), 1913 (Wasser), 1925 (Holz), 1937 (Feuer), 1949 (Erde), 1961 (Metall), 1973 (Wasser), 1985 (Holz), 1997 (Feuer), 2009 (Erde), 2021 (Metall)
**Eigenschaften:** verlässlich, geduldig, fleißig, sinnlich, eigensinnig, stur, unbeherrscht

Unter dem chinesischen Sternzeichen Büffel Geborene sind fleißig, ausdauernd, beständig, geduldig und zuverlässig. Sie schweigen lieber, statt zu reden. Sie gehen beharrlich ihren Dingen nach und sind als Freunde unbezahlbar. Sie neigen manchmal zum Jähzorn, sind stur und eigensinnig und können hartnäckig an einer Sache festhalten. Das Jahr des Büffels ist meist beständig und stabil. Die Stunde des Büffels ist zwischen 01.00 und 03.00 Uhr. Westliche Entsprechung: Steinbock

## Das Jahr des Tigers
### Drittes Zeichen des Kreises – Zeichen des Mutes und der Verwegenheit

**Jahre:** 1902 (Wasser), 1914 (Holz), 1926 (Feuer), 1938 (Erde), 1950 (Metall), 1962 (Wasser), 1974 (Holz), 1986 (Feuer), 1998 (Erde), 2010 (Metall), 2022 (Wasser)
**Eigenschaften:** mutig, ehrlich, großzügig, ungeduldig, misstrauisch

Tiger sind die geborenen Führernaturen. Feurig und spontan, voller Schaffenskraft mit einem großen Drang nach Unabhängigkeit. Sie sind einfühlsam, sensibel und handeln nach langer Beobachtung. Sie geraten manchmal in Autoritätskonflikte mit anderen Machern. Sie haben Mut, den Sprung nach vorne zu wagen, neue Wege zu gehen und Risiken einzugehen. Damit ist der Weg zum Erfolg frei. Sie haben Mut und Tatkraft. Das Jahr des Tigers ist voller Aktion und Bewegung, Projekte können durchgezogen und zu Ende gebracht werden – neue Wege öffnen sich. Die Stunde des Tigers ist zwischen 03.00 und 05.00 Uhr. Westliche Entsprechung: Wassermann

## Das Jahr des Hasen
**Viertes Zeichen des Kreises –
Zeichen des Friedens und der Gutmütigkeit**

**Jahre:** 1903 (Wasser), 1915 (Holz), 1927 (Feuer), 1939 (Erde), 1951 (Metall), 1963 (Wasser), 1975 (Holz), 1987 (Feuer), 1999 (Erde), 2011 (Metall), 2023 (Wasser)
**Eigenschaften:** kreativ, künstlerisch, ehrgeizig, gutmütig, klug, gefühlvoll, sanft, listig, kleinlich

Hasen sind beliebt und gute Gesellschafter. Sie sind ehrgeizig und talentiert, geduldig und gutmütig. Sie gehen manchmal Umwege zum Ziel. Im Geschäftlichen entscheiden sie intuitiv und clever, aber nie riskant. Sie lieben alles Künstlerische und haben ein schönes geborgenes Zuhause. Das Jahr des Hasen ist ein Jahr der Künste, der Fruchtbarkeit und der Kreativität. Die Stunde des Hasen ist zwischen 5.00 und 7.00 Uhr. Westliche Entsprechung: Fische

## Das Jahr des Drachen
**Fünftes Zeichen des Kreises –
Zeichen des Geistes und des Glücks**

**Jahre:** 1904 (Holz), 1916 (Feuer), 1928 (Erde), 1940 (Metall), 1952 (Wasser), 1964 (Holz), 1976 (Feuer), 1988 (Erde), 2000 (Metall), 2012 (Wasser), 2024 (Holz)
**Eigenschaften:** gütig, originell, flexibel, mutig, ehrlich, voller Energie, extrovertiert, hitzig, unberechenbar, enthusiastisch

Der Drache war das Symbol der chinesischen Kaiser. Er steht für Führungskraft, globale Angelegenheiten und übergeordnete Sichtweisen. Der Drache steht für langes Leben und viel Energie, die freigesetzt werden kann. Er ist selbstbewusst, zuverlässig, mutig und ehrlich. Drachen haben einen ausgeprägten Gerechtigkeitssinn und sind Perfektionisten. Exzentrisch und siegessicher trifft er seine Entscheidungen. Im Jahr des Drachen werden die Schicksalsweichen auch global gestellt. Die Stunde des Drachen ist zwischen 7.00 und 9.00 Uhr. Westliche Entsprechung: Widder

## Das Jahr der Schlange
Sechstes Zeichen des Kreises –
Zeichen der Klugheit und Erkenntnis

**Jahre:** 1905 (Holz), 1917 (Feuer), 1929 (Erde), 1941 (Metall), 1953 (Wasser), 1965 (Holz), 1977 (Feuer), 1989 (Erde), 2001 (Metall), 2013 (Wasser), 2025 (Holz)
**Eigenschaften:** weise, klug, analytisch, scharfsinnig, egoistisch, mitfühlend, feinsinnig, materialistisch

Schlangen besitzen eine äußerst feinsinnige Wahrnehmung. Sie sind meist hellsichtige und scharfe Beobachter. Sie verstehen es, ihre Sachen rasch und unauffällig durchzusetzen. Unter dem chinesischen Sternzeichen Schlange Geborene gelten als tiefsinnig und weise. Probleme lösen sie in Ruhe und mit Verstand. In Gelddingen haben sie einen guten Riecher. Sie sind sparsam und halten ihr Vermögen zusammen. Sie sind hilfsbereit und mitfühlend. Das Jahr der Schlange ist einflussreich und stabil. Die Stunde der Schlange ist zwischen 9.00 und 11.00 Uhr. Westliche Entsprechung: Stier

# Das Jahr des Pferdes
**Siebtes Zeichen des Kreises –
Zeichen der Eleganz und des Eifers**

**Jahre:** 1906 (Feuer), 1918 (Erde), 1930 (Metall), 1942 (Wasser), 1954 (Holz), 1966 (Feuer), 1978 (Erde), 1990 (Metall), 2002 (Wasser), 2014 (Holz), 2026 (Feuer)
**Eigenschaften:** ehrlich, offen, vital, unabhängig, schnell, freundlich, fröhlich, kreativ, witzig, launisch, eitel, leichtsinnig, ungeduldig

Unter dem chinesischen Sternzeichen Pferd Geborene sind sehr beliebte Mitmenschen. Sie sind die glanzvollen Unterhalter, weise und mit künstlerischen Talenten gesegnet. Sie inspirieren ihre Umgebung und machen Mut, zu neuen Ufern aufzubrechen. Sie sind manchmal etwas sprunghaft und haben einen großen Freiheits- und Bewegungsdrang. Sie gehen Verpflichtungen gerne mal aus dem Weg und möchten sich nicht festlegen. Sie sind humorvoll und optimistisch. Das Jahr des Pferdes weist schnelle Entwicklungen auf, neue Kontakte und plötzliche Richtungswechsel. Die Stunde des Pferdes ist zwischen 11.00 und 13.00 Uhr. Westliche Entsprechung: Zwilling

# Das Jahr des Schafes/der Ziege
**Achtes Zeichen des Kreises –
Zeichen des Mitgefühls und des Artigseins**

**Jahre:** 1919 (Erde), 1931 (Metall), 1943 (Wasser), 1955 (Holz), 1967 (Feuer), 1979 (Erde), 1991 (Metall), 2003 (Wasser), 2015 (Holz), 2027 (Feuer)
**Eigenschaften:** gutmütig, kreativ, künstlerisch, verlässlich, schüchtern, pessimistisch, meckernd

Unter dem chinesischen Sternzeichen Ziege oder Schaf Geborene sind sanftmütig, freundlich und gütig. Sie ordnen sich oft unter und gehen dabei doch ihren Weg. Sie sind sehr sensibel, hellsichtig und lieben die schönen Künste, Musik, Theater, Malen. Viele Künstler findet man unter ihnen. Sie sind elegant und lieben Luxus. Sie können nachdenklich, pessimistisch und ängstlich sein und neigen manchmal dazu, zu viel zu meckern. Das Jahr des Schafes bringt Ruhe, das häusliche Leben ist das Zentrum. Die Stunde der Ziege ist zwischen 13.00 und 15.00 Uhr. Westliche Entsprechung: Krebs

## Das Jahr des Affen
**Neuntes Zeichen des Kreises –
Zeichen der Wendigkeit und Bewegung**

**Jahre:** 1920 (Metall), 1932 (Wasser), 1944 (Holz), 1956 (Feuer), 1968 (Erde), 1980 (Metall), 1992 (Wasser), 2004 (Holz), 2016 (Feuer), 2028 (Erde)
**Eigenschaften:** gesellig, clever, wissbegierig, neugierig, überheblich

Affen sind schlau, pfiffig und sehr flexibel. Sie können Probleme mit Leichtigkeit und auf kreativen Wegen lösen. Sie sind erfinderisch und besitzen einen guten Menschenverstand. Sie sind gelehrig, wissbegierig und schlau. Sie packen Dinge an und erledigen sie. Sie können ihre Visionen und Vorstellungen spielend umsetzen und sind erfolgreich dabei. Sie sind stets bereit, aus ihren Fehlern zu lernen und Neues anzupacken. Sie nehmen alles nicht ganz so ernst, und das gibt ihnen einen großen Spielraum. Das Jahr des Affen ist voller Erfindungsreichtum, neuen Wegen und neuen Verbindungen. Die Stunde des Affen ist zwischen 15.00 und 17.00 Uhr. Westliche Entsprechung: Löwe

# Das Jahr des Hahns
### Zehntes Zeichen des Kreises – Zeichen der Wertschätzung und des Stolzes

**Jahre:** 1921 (Metall), 1933 (Wasser), 1945 (Holz), 1957 (Feuer), 1969 (Erde), 1981 (Metall), 1993 (Wasser), 2005 (Holz), 2017 (Feuer), 2029 (Erde)

**Eigenschaften:** selbstbewusst, motiviert, loyal, exzentrisch, verantwortungsbewusst, ängstlich

Unter dem chinesischen Sternzeichen Hahn Geborene sind selbstbewusste und exzentrische Menschen. Sie übernehmen oft zu viel Verantwortung für zu viele Bereiche gleichzeitig. Sie sind sehr beliebt, weil sie die Ruhe bewahren und lösungsorientiert arbeiten. Sie versuchen, Dinge auszugleichen und ins Gleichgewicht zu bringen. Sie können mitunter punktgenaue und scharfsinnige Bemerkungen machen. Das Jahr des Hahns bringt Klärung, Wandlung und Bereinigung. Die Stunde des Hahns liegt zwischen 17.00 und 19.00 Uhr. Westliche Entsprechung: Waage

# Das Jahr des Hundes
### Elftes Zeichen des Kreises – Zeichen der Loyalität und Treue

**Jahre:** 1922 (Wasser), 1934 (Holz), 1946 (Feuer), 1958 (Erde), 1970 (Metall), 1982 (Wasser), 1994 (Holz), 2006 (Feuer), 2018 (Erde), 2030 (Metall)

**Eigenschaften:** gerecht, treu, ehrlich, egoistisch, sehr kritisch

Unter dem chinesischen Sternzeichen Hund Geborene haben viele Eigenschaften, die nicht nur in China beliebt sind. Sie gelten als loyal, ehrlich, freundlich, zuverlässig und verschwiegen. Sie mögen keine Veränderungen und gelten als konservativ. Andererseits sind sie exzentrisch, eigensinnig und manches Mal egoistisch. Sie scheren sich nicht um das Erlangen von materiellen Dingen. Innere Werte zählen mehr und werden verteidigt. Ihre moralischen Ansprüche sind sehr hoch, und jede Verfehlung wird von ihnen kommentiert. Das Jahr des Hundes bringt Treue, Loyalität, Stabilität und konservative Tendenzen. Die Stunde des Hundes ist zwischen 19.00 und 21.00 Uhr. Westliche Entsprechung: Jungfrau

## Das Jahr des Schweins
Zwölftes Zeichen des Kreises –
Zeichen der Ehrlichkeit und des Glücks

**Jahre:** 1911 (Metall), 1923 (Wasser), 1935 (Holz), 1947 (Feuer), 1959 (Erde), 1971 (Metall), 1983 (Wasser), 1995 (Holz), 2007 (Feuer), 2019 (Erde), 2031 (Metall)
**Eigenschaften:** fleißig, charmant, aufrichtig, beliebt, ehrlich, gutmütig, großzügig, gemütlich, leidenschaftlich, unentschlossen, naiv

Unter dem chinesischen Sternzeichen Schwein Geborene sind freundlich, beliebt, verständnisvoll, großzügig und gutherzig. Sie lieben Harmonie und Ausgewogenheit und setzten sich oft friedensstiftend für das Allgemeinwohl ein. Sie sind echte Kavaliere und bringen Wohlstand, Glück und Luxus. Sie erreichen ihre Ziele, die sie einsatzfreudig und gründlich verfolgen. Sie haben die Veranlagung zu erfolgreichen Karrieren und Reichtum, da sie nicht aufgeben oder auf ihrem Weg zurückweichen. Sie sind gut informiert, und man kann auf sie zählen. Das Jahr des Schweins ist in China ein Glücksjahr der Siege und Erfolge, das Wohlstand und Fülle verspricht. Die Stunde des Schweins ist zwischen 21.00 und 23.00 Uhr. Westliche Entsprechung: Skorpion

Kurze Anmerkung zu den Elementen aus der fernöstlichen Elementelehre. Aus ihren Eigenschaften wird auf die Beziehungen zwischen Erde, Mensch und Himmel geschlossen:

**Holz:** gestalten, etwa den Tagesablauf, mit Würde, Beständigkeit, Frieden
**Feuer:** entzünden, etwa ein Vorhaben anpacken, verwirklichen, Energie, Dynamik, kampf- und streitbereit
**Erde:** festigen, etwa Stabilität und Gleichgewicht herstellen, mit Sorgfalt, Genauigkeit, Beharrlichkeit, Beständigkeit
**Metall:** gestalten, begrenzt risikobereit, aufrichtig, gerecht, sachlich, abendliche Energie, Rückschau, Ernte
**Wasser:** auflösen, Ende eines Zyklus und die Aussicht auf Neues, Vorsicht, Fruchtbarkeit, Hang zum Träumen

# RITUALE
## der Rauhnächte

### Räuchern und Reinigen

Aufräumen – Ausmisten – Reinigen – Harmonisieren – Energetisieren

Räuchern ist ein wesentlicher Bestandteil der Rauhnächte und auch sonst während der Übergänge im Jahreskreis. Fastenzeiten, Frühjahrsputz, Sommersonnenwende, Wintersonnenwende … Es gibt viel gute Literatur dazu. Das Agnihotra, ein altes vedisches Feuerritual, empfiehlt sich ebenfalls in den Rauhnächten, da es die gesamte Atmosphäre reinigt. Man kann beim Räuchern nichts falsch machen. Ich stelle hier lediglich eine Möglichkeit vor, die sich für mich bewährt hat. Es gibt unzählige Wege zu räuchern. Fange einfach an, und probiere es aus.

## Hier ein kleiner Einblick und eine kleine Einführung zum Räuchern

So, wie wir uns regelmäßig waschen und reinigen, ist es auch für die Räume, in denen wir leben und uns bewegen, notwendig, sie auf allen Ebenen zu reinigen, zu fegen, zu putzen, auszumisten und energetisch zu reinigen, damit Altes gehen und Neues sich verankern kann. So werden dicke Luft und schwarze Wolken in segensvolle, reine und freie Energie transformiert. Reinigen und Räuchern ist besonders in den Wechselzeiten, bei Krankheit, Streit, Todesfällen, Störfällen, Unruhen und in Zeiten der Übergänge wichtig, da die feinstofflichen Tore offen stehen und neue Energie einströmt. Um uns in neue Räume zu bewegen, brauchen wir freie Energie, damit wir diese Schritte, die oft erst einmal anstrengend sein können und Kraft kosten, gehen können.

### VORBEREITUNG
- Räucherkohle
- Streichhölzer – Feuerzeug
- evtl. Räucherzange
- Gefäß
- Sand
- Räucherwerk
- Sprühflasche mit Wasser, Duft oder eine besondere Raumreinigung oder Energetisierung

## HIER EIN PAAR GÄNGIGE RÄUCHERSTOFFE

»Du sollst nicht versäumen, Krankenzimmer von Dämonen zu räumen. Mit Salbei und Wachholder, so verschwinden sie mit Holter und Gepolter. Heilung wird geschehen — du wirst schon sehen.«

**Zur Reinigung**
- **SALBEI** – starke feinstoffliche Reinigungskraft
- **KAMPFER** – löscht alte Informationen im Haus
- **WACHOLDER** – vertreibt negative Einflüsse
- **MYRRHE** – desinfiziert, klärt und reinigt Räume, gibt Ruhe
- **ADLERHOLZ** – reinigt und klärt
- **DRACHENBLUT** – stark reinigend
- **COPAL BLANCO** – reinigend und Raum öffnend
- **FERTIGMISCHUNGEN** zur Hausreinigung

**Zum Aufladen**
- **ANGELIKAWURZEL** – erhellt die Raumschwingung
- **WEIHRAUCH** – Segen, Energieerhöhung
- **DUFTWEIHRAUCH, ROSENWEIHRAUCH, HONIGWEIHRAUCH** – wunderbar aufladend
- **STYRAX** – gibt Wärme und Geborgenheit und öffnet für die Liebe
- **TONKABOHNE** – innere Geborgenheit
- **FERTIGMISCHUNGEN** zur Harmonisierung der Räume

**Wasser/Duftsprays**
- Wasser in einer Sprühflasche
- Wasser mit einem ätherischen Öl
- Rosenwasser/Zitronenwasser/Lavendelwasser
- fertige Mischungen
- Lichtwesenessenzen
- Einhornspray – Blume des Lebens
- usw.

Nimm dir einen Moment Zeit. Wähle dir einen Platz der Ruhe in dem Raum, den du reinigen möchtest. Schließe deine Augen. Nimm den Raum – ob es ein Zimmer, eine Garage, ein Garten, ein Haus, ein Grundstück ist – mit allen inneren Sinnen wahr.

- Wie empfindest du diesen Raum?
- Gibt es Gegenstände darin, die eine besondere Ausstrahlung haben? Angenehm, unangenehm?
- Welche Ecken fühlen sich besonders verschmutzt an?
- Wo gibt es »Dämonenecken« (Ecken, in denen sich viel ansammelt, die nur schwer in Ordnung zu halten sind, in denen sich Ungeziefer, Schimmel und Ähnliches befindet)?
- Wie riecht es in dem Raum?
- Welcher Geschmack kommt dir in den Sinn?
- Wie fühlt sich der Raum an? Weit, eng, hell, dunkel, warm, kalt, unbehaglich, behaglich usw.
- Welche Ecken fühlen sich dunkel an? Wo ist Licht und Weite in dem Raum?
- Wo ist der Herzpunkt? Ist dieser offen oder verschlossen?
- Wenn der Raum ein Wesen wäre, wie sähe es aus?
- Wie kann der Raum in die Harmonie, in die Ordnung zurückgebracht werden?
- Erlaube, dass Impulse aufsteigen oder dir in den Sinn kommen.

Nachdem du den Raum wahrgenommen hast, beginne, diesen Raum in die Harmonie zu bringen, indem du lüftest, ausmistest, räucherst …

## AUFRÄUMEN, AUSMISTEN, PUTZEN

Zuerst solltest du aufräumen, putzen, ausmisten und ordnen, sodass der Raum in einem guten geordneten Zustand ist. Wasser nimmt dabei viel Schmutz aus dem Raum, nicht nur auf der physischen Ebene.

## RÄUCHERN

Überlege dir, welche Räucherstoffe du verwenden möchtest:

**Erste Runde – stark reinigende Substanzen**
Salbei, Kampfer sowie Mischungen zur Reinigung von Räumen können in der ersten Runde verwendet werden.

**Zweite Runde – aufladende und harmonisierende Substanzen**
Weihrauch, Tonkabohnen usw. können zur Harmonisierung und Aufladung in der zweiten Runde verwendet werden.

**Dritte Runde – Sprays auf Wasserbasis**
Wasser nimmt den Rauch aus den Räumen und klärt die Luft und kann daher in der dritten, abschließenden Runde verwendet werden.

Lege dir deine Räuchermischungen und alles, was du benötigst, zurecht.

**Erster Durchgang – Räuchern, um zu reinigen**
Nimm die Räucherkohle mit einer Zange, entzünde sie, und lege sie in eine Schale oder ein Gefäß mit Sand. Sand puffert die Räucherkohle ab und hilft, die Hitze in der Schale zu halten. Warte, bis die Räucherkohle glüht.

Wähle dir eine Räucherung aus, die du dann auf die Kohle gibst. Beginne nun mit der Reinigung.

Hier ein paar kleine Regeln – folge jedoch deinem Herzen: Türen und Fenster sollten beim Räuchern zuerst geschlossen sein. Die Reinigung von Räumen erfolgt linksdrehend, das heißt, du solltest im Raum links herum gehen, damit sich der gesamte energetische Schmutz lösen kann (in der Regel ist links auflösend, rechts aufbauend). Man kann das Räuchergefäß in einer liegenden Acht schwingen, in Kreisen, sich die Blume des Lebens dabei vorstellen, die durch die Räume wirbelt und wie ein Sieb allen Schmutz aus den Räumen entfernt. Man kann auch einfach ruhig und achtsam Raum für Raum reinigen.

Während des Räucherns kann es passieren, dass einem Dinge im Raum ins Auge fallen, die einem vorher nicht aufgefallen sind, die nicht in der Harmonie sind oder nicht mehr in den Raum passen. Dies kann nach dem Räuchern verändert werden.

Der Rauch sollte in den Räumen stehen und kurz einwirken. Dann ausgiebig lüften und mit einer Sprühflasche Wasser oder einen energetischen Raumduft sprühen. Das Wasser nimmt den Rauch aus den Räumen und reinigt zusätzlich.

Wer oft räuchert, weiß, wie unterschiedlich das Räuchern sein kann. Beim ersten Mal kann es sehr intensiv sein und der Rauch sogar dunkel werden. Bei jedem weiteren Durchgang wird es leichter und der Rauch heller.

## Zweiter Durchgang – Räuchern, um zu harmonisieren, die Energie anzuheben

Nun folgt ein zweiter Durchgang, der der Harmonisierung und Energieauffüllung dient. In diesem zweiten Durchgang kann ein anderer Räucherduft verwendet werden.

Du wirst bemerken, dass der zweite Durchgang viel angenehmer ist und sich die Räume leichter, heller und klarer anfühlen.

Im zweiten Durchgang können Türen und Fenster offen oder geschlossen sein. Gehe jetzt rechts herum, um die Energie in dem Raum anzufüllen und aufzuladen. Der Rauch kann jetzt durch die Räume wehen.

## Dritter Durchgang – Sprühen, um zu klären

Gehe nun ein drittes Mal durch die Räume, und sprühe sie mit Wasser, Rosenwasser oder einer fertigen Mischung ein. Nach dem Räuchern ist es empfehlenswert, sich selbst zu reinigen, ein Salzbad zu nehmen oder zu duschen, da man durch einen großen Reinigungsprozess gegangen ist.

Nimm dir abschließend noch einmal Zeit, in den Raum hineinzufühlen. Wähle dir einen Platz, werde still, schließe deine Augen, und fühle diesen Raum jetzt. Was hat sich verändert? Wie fühlt sich der Raum jetzt an? Genieße diesen Moment. Stelle dir vor, wie Segen und Licht in die Räume hineinströmen.

Du hast nun deinen Bereich gereinigt, geklärt und ein Mandala der Harmonie aufgebaut. Trinke abschließend eine Tasse Tee, und würdige deine Arbeit und dein Wirken.

*Danke — Mahalo*

# Rauhnächte sind Orakelnächte

Orakel (lat. »Oraculum« = »Götterspruch«, »Sprech-« oder »Betstätte«) galten in vorchristlicher Zeit, insbesondere in der Antike, als die verbreitetste Form der Vorausschau. In früheren Zeiten zeigten die Runen den Weg. Auch heute noch kennen wir viele Orakel. Wir können ein Medium befragen, Karten, Runensteine oder Gummibärchen ziehen, ein Buch an beliebiger Stelle aufschlagen usw.

Orakel jeglicher Art zeigen immer nur Tendenzen, die sich aus dem gegenwärtigen Moment ergeben. Sobald ich andere Entscheidungen treffe, kann sich mein Weg ändern.

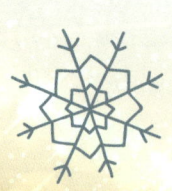

## HIER EIN PAAR HINWEISE

* Wähle dir dein Orakel aus.
* Du kannst dir vorher ein Thema oder eine Frage überlegen oder fragen, was für dich und deine Lebenssituation jetzt wichtig ist.
* Du kannst eine Legemethode wählen, z. B. eine Tageskarte und drei Karten für die Vergangenheit, die Gegenwart und die Zukunft ziehen ...
* Halte deine Hand über die Runen, das Tarot oder Orakel, und sprich ein kleines Gebet.
* Du kannst deine Karten so lange mischen, bis eine Karte von alleine herausfällt, oder mit deiner Hand über die ausgefächerten Karten fahren und schauen, wo es warm wird und diese Karte ziehen.
* Lasse die Karte auf dich wirken.
* Versuche, die Karte nicht nur verstandesmäßig zu erfassen, sondern auch gefühlsmäßig.
* Du kannst die Karte z. B. an dein Herz legen und die Energie mit geschlossenen Augen in dich aufnehmen. Vielleicht bekommst du ein Bild oder einen Impuls dazu.
* Notiere dir die Botschaft des Orakels.
* Bedanke dich für das, was du erfahren konntest.

## Träume und Traumverschiebung

»Da das Bewusstsein allen möglichen äußeren Anziehungen und Ablenkungen ausgesetzt ist, lässt es sich leicht dazu verleiten, Wege zu gehen, die seiner Individualität fremd und nicht gemäß sind. Die allgemeine Funktion der Träume ist, solche Störungen des geistigen Gleichgewichts auszugleichen, indem sie Inhalte komplementärer und kompensatorischer Art hervorbringen.«
(CARL GUSTAV JUNG, TRAUM UND TRAUMDEUTUNG)

*Am Tag können wir bis in den Himmel schauen, in der Nacht in die unendlichen Weiten des Alls.*

Wir kommen aus dem geistigen Raum und kehren in ihn zurück. In Hawaii beginnt der Tag mit dem Abend, da man dort davon ausgeht, dass wir zuerst in den geistigen Raum eintreten und dann mit dem Morgen in die materielle Wirklichkeit. Wir können uns im Träumen schulen, denn wir träumen alles, bevor es geschieht. Alles ist ein Traum, die unterschiedlichen Wirklichkeiten sind miteinander verknüpft.

Jeder von uns träumt, ob es einem nun bewusst ist oder nicht. Was die Wenigsten wissen, ist, dass auch Tiere und Pflanzen träumen. Fast alle Menschen, besonders Kinder, kennen Albträume und Erinnerungen an Träume. Gerade in den Rauhnächten ist es interessant, seine Träume zu beachten – sowohl die Träume in der Nacht als auch die subtilen Traumimpulse während des Tages, wenn unser Bewusstsein abschweift.

# Hier ein paar Hinweise für die Vorbereitung auf die Nacht

* Kein Fernsehen, kein Handy, kein Alkohol vor dem Zu-Bett-Gehen.
* Nimm dir Zeit. Mache dich bettfertig.
* Wasche deine Füße, und spüre, wie alles, was sich in deinem Energiekörper angesammelt hat, abfließt. Öle deine Füße, und halte sie warm.
* Entzünde eine Kerze, und betrachte ihr Licht 5 Minuten lang.
* Nun lasse den Tag gedanklich rückwärts abspulen, bis zum Morgen, als du aufgestanden bist:
* Was hast du gemacht?
* Was hast du gedacht?
* Was hängt dir noch nach?
* Was war der Segen dieses Tages?
* Indem du die Erlebnisse des Tages vor dem Schlafengehen aufarbeitest, hast du in der Nacht für andere Dinge Zeit.
* Atme ein paarmal tief aus und ein, und stelle dir vor, wie über die Atmung frische Energie einströmt und alle Anspannung des Tages dein Energiesystem verlässt.
* Verbinde dich über ein Gebet oder eine kurze Meditation mit der Geistigen Welt, deinen Engeln, Meistern, Lehrern. Bitte sie, dich in der Nacht zu führen und zu unterrichten oder dir eine Antwort auf eine bestimmte Frage zu senden.
* Schaue vor dem Schlaf in einen klaren Kristall. Die feinstoffliche Substanz, die alles miteinander verbindet, ist kristallin.

* Stelle dir vor, wie sich im Kristall ein Auge öffnet. Halte die Vorstellung, bis du einschläfst.
* Wir durchlaufen in der Nacht mehrere Traumphasen und Traumfrequenzen.
* Wenn du einen Wecker benutzt, lasse dich am Morgen sanft wecken.
* Halte die Augen geschlossen und speichere ab, woran du dich noch erinnern kannst. Gefühle, Helligkeit, Temperatur, Ordnung, Chaos, Menschen, Tiere … alles, was dir noch einfällt.
* Wenn du die Augen aufmachst, notiere deine Erinnerungen.
* Träumen kann man lernen.

## Traumverschiebung

In der Traumverschiebung verschieben wir einen Traum, Albtraum oder ein böses Erlebnis so lange, bis er oder es sich auflöst oder verwandelt hat und wir es loslassen können. Wir können einen Traum so zu Ende träumen, dass er gut ausgeht und dass alle Elemente darin wieder in die Liebe zurückkehren können. Wir träumen oft auf der symbolischen Ebene. Die Traumsymbole können zum besseren Verständnis in einem Traumlexikon oder online nachgelesen werden.

## HIER EINE KLEINE ANLEITUNG FÜR DIE TRAUMVERSCHIEBUNG

* Entspanne dich, mache es dir bequem, sodass dein Atemstrom gut durch dich fließen kann.
* Schließe deine Augen.
* Lade dich über die Atmung auf. Atme zum Kronenzentrum ein und zu deinem Bauchnabel aus.
* Öffne dein Herz für die Liebe zu allem Leben. Spüre den Puls der Liebe in dir.
* Erinnere dich nun an einen Albtraum oder einen unguten Traum in der Nacht. Am besten an einen Albtraum, der immer wiederkehrt, oder einen Traum, der dich gerade beschäftigt.
* Begib dich mit allen Bildern, Gedanken, Emotionen, körperlichem Unwohlsein – was auch immer aufsteigen mag – in diesen Traum hinein.
* Du kannst deine Engel, deine geistige Führung, Superman oder was auch immer zu Hilfe rufen – all das, was dich innerlich und äußerlich dabei unterstützt, diesen Traum jetzt zu einem positiven und heilsamen Ausgang hin zu verschieben.

# Traum

* Verändere diesen Traum auf eine Art, die für dich gut ist. Träume den Traum positiv bis zu Ende. Du kannst auch in verschiedene Traumsequenzen noch einmal hineinsteigen und beginnen, diese zu lösen. Z. B.: Du hast im Traum ein Reh überfahren … gehe in diese Sequenz zurück. Lege in deiner Vorstellung die Hand auf das Reh. Schaue, ob es noch lebt. Wenn ja, bitte die Heiler, das Reh zu heilen, und warte, bis es sich erhebt und in den Wald zurückspringt. Wenn es nicht mehr lebt, so kannst du das Reh auch beerdigen und dich mit seiner Seele in Verbindung setzen.
* Verändere den Traum so, wie es für dich fein ist. Lasse etwas Gutes daraus erwachsen, gehe voll bewusst hinein, und verändere Elemente, Ereignisse und Frequenzen des Traums so lange, bis du dich gut fühlst und frei und erleichtert bist.
* Wenn du den Prozess beendet hast, komme zurück in den gegenwärtigen Moment. Vielleicht ist dir die Botschaft oder Lektion des Traumes jetzt bewusst. Nimm ein paar tiefe Atemzüge, bewege deinen Körper, und sei jetzt hier.
* Wisse, es ist geschehen.

*Notiere deine Träume und die Traumverschiebung. Manches hält so manches Wunder bereit.*

# Laden und Reinigen von magischen Gegenständen

Die Rauhnächte sind gut dazu geeignet, um sein Reich neu auszurichten. Das heißt, zu entrümpeln, die Sachen durchzuschauen, die man das Jahr über verwendet hat, sie zu reparieren, auszubessern, zu reinigen und neu aufzuladen. Dazu zählen: Steine, Kristalle, Edelsteine, Schmuck, besondere Kleidungsstücke, Werkzeuge, Decken, Meditationskissen, Altäre, Figuren, Kerzen, Öle, Salben, Beutel, Talismane, Spiegel, Symbole usw. Schaue dich in deiner Wohnung um. Welche Gegenstände findest du? Welche sind für den Alltag bedeutsam, welche stehen sinnbildlich für Kräfte und Energien, sind Verbindungsträger zu anderen feineren Welten und Reichen?

# Neutralisieren von Gegenständen

Ein guter Zeitpunkt, um Gegenstände energetisch zu neutralisieren, ist Neumond. Es kann aber auch zu anderen Zeitpunkten geschehen, z. B. in der Nacht der Wunder – der letzten Nacht der Rauhnächte. Es gibt viele Wege, um einen Gegenstand zu neutralisieren bzw. die gespeicherte Energie darin zu löschen, z. B. indem wir sie reinigen – das geht mit Salzwasser, Amethyst, ätherischen Ölen, z. B. Lavendel, Lavendin, mit dem Rauch von Kampfer – oder indem wir sie eine Zeit lang in die Dunkelheit legen. Zu Neumond bewahren wir die Gegenstände dann draußen auf und laden sie mit dem Licht des nächsten Vollmondes auf.

## HIER EINE KLEINE ZEREMONIE

* Nimm den Gegenstand in deine Hand.
* Schließe deine Augen, und spüre in ihn hinein.
* Verbinde dich mit der göttlichen Quelle, dem reinen Licht aus den höchsten Ebenen. Bitte deine Engel und geistigen Helfer, dich zu unterstützen.
* Stelle dir vor, wie das Licht in den Gegenstand strömt und alles, was darin gespeichert ist, sichtbar macht.
* Frage deine Engel, was zu tun ist, damit der Gegenstand in seinen Urzustand zurückgewandelt werden kann. Es kann sein, dass Energieverbindungen gelöst werden, er mit Licht gereinigt wird …
* Lasse geschehen. Spüre, wie die alte Energie aus dem Gegenstand gelöst wird.
* Bedanke dich, fühle anschließend nochmals in den Gegenstand hinein, und prüfe, ob sich etwas verändert hat.
* Reinige den Gegenstand zusätzlich mit einer der oben angegebenen Methoden.

# Weihe oder Neuprägung von Gegenständen

Ein guter Zeitpunkt für die Weihe oder Neuprägung von Gegenständen ist Vollmond. Es kann aber auch zu anderen Zeitpunkten geschehen, z. B. in der Nacht der Wunder – der letzten Nacht der Rauhnächte.

## HIER EIN MÖGLICHER WEG

* Breite die Gegenstände, die du weihen möchtest, vor dir aus.
* Entzünde eine Kerze in der Farbe deiner Wahl.
* Verbinde dich mit der göttlichen Quelle, dem reinen Licht aus den höchsten Ebenen.
* Bitte nun darum, dass dieses Licht in die Gegenstände hineinströmt und sie mit einer göttlichen Qualität oder Tugend auflädt z. B. Schutz, Liebe, Vertrauen …
* Spüre, wie dieses Licht sich durch die Christuskraft und die Engel verstärkt und in den Gegenstand hineinströmt.
* Bedanke dich, und wisse, es ist getan. Du kannst den Gegenstand über Weihrauch halten oder mit heiligen Ölen oder geweihtem Wasser abreiben. Vollmondlicht unterstützt die Aufladung.

# Zeichen und Strömungen

*Ich muss mich nicht sorgen, der Wind trägt mir alles zu, was heute für mich wichtig ist.*

Das Gewebe von Wyrd, der feinstofflichen, feinen Wirklichkeit, ist das lebendige Netzwerk des Lebens, in dem alles miteinander und gegenseitig in Verbindung steht. Alles ist mit allem auf der energetischen, feinstofflichen Ebene verwoben. Dieses feinstoffliche, lebendige Netz bildet die energetische Grundlage für die physische Wirklichkeit, in der wir leben. Jedes Wort, jedes Gefühl, jede Handlung, jede Tat hat Auswirkungen auf das feinstoffliche Gewebe – ob wir es bewusst oder unbewusst wahrnehmen. Wir werden vom Schicksal beeinflusst und können über unsere Impulse das Gewebe des Lebens beeinflussen. Dieses Feld der lebendigen Schöpfung lebt und spiegelt uns alles wider. Wenn wir eine Frage haben, so antwortet uns das lebendige Feld auf seine Weise.

In den Rauhnächten ist die Natur ein wunderbarer Zeichengeber. Die Krähe, die plötzlich angeflogen kommt; die Katze von links; der Wind, der mich umströmt; Nummernschilder; Plakatwände; Zeilen aus Büchern, die wir aufschlagen; Radiobotschaften; andere Menschen; alles kann uns aus dem lebendigen Netzwerk der Schöpfung Botschaften und Antworten übermitteln, so, wie wir selbst Botschafter der Einheit sind. Gehe in die Natur, stelle eine Frage, lasse los, warte einen Augenblick. Du wirst Zeichen und Antworten erhalten. Das lebendige Feld antwortet dir.

Wenn ich unterwegs bin, mache ich oft ein Autobahnorakel. Ich stelle eine Frage, und kurze Zeit später erhalte ich die Antwort durch die Zeichen, die mir besonders in das Blickfeld rutschen. Achte in dieser Zeit auf das lebendige Feld und die Zeichen, die dir dieses Feld über unterschiedlichste Wege senden kann.

## Segnungen – Wie segne ich?

*E pili mau na pomaika'i me 'oe. —
Mögest du immer Glück erfahren.
Wer fluchen kann, der kann auch segnen.*

Segnen ist eine der wichtigsten Gesten in Hawaii. Jeder Beginn und jeder Abschluss eines Treffens, einer Zeremonie, eines Rituals, eines Tanzes wird gesegnet, damit er unter dem Schutz der höchsten Kräfte steht. Der Segen für neue Abschnitte und für das Leben ist sehr wichtig, da er uns freigibt. Der Segen lässt die Zellstruktur aller Lebewesen aufleuchten und verleiht ihnen Schönheit, Kraft und Vitalität. Der Segen bringt Licht in ein Energiefeld und öffnet es für die ewig fließende Energie der Schöpfung. Jeder Tag ist ein Geschenk der Schöpfung an dich. Jeder Atemzug trägt dich auf deinem Weg. »Hoʻomakaʻi« ist das hawaiianische Wort für Segen. Es bedeutet auch »Wohlwollen«, »Güte«, »gute Erfahrung«. Der Segen und die Engel bereiten das Jahr vor, sodass wir auf einer Welle des Segens getragen werden und – falls wir abrutschen – wieder zurückfinden können. Segne jeden neuen Tag am Morgen und am Abend, und öffne dich für die kleinen und großen Segensgeschenke, die am Rand deines Weges leuchten!

In den Rauhnächten kann man z. B. die einzelnen Monate segnen. Es gibt sehr unterschiedliche Wege, dies zu tun.

## Hier ein Weg, der sich für mich bewährt hat

Ich segne jeden Monat in den Rauhnächten in Form einer Kugel – denn die Kugel ist die Mutter der platonischen Körper. In ihr ist alles enthalten. Alles ist rund.

Ich gehe dabei folgendermaßen vor:
* Ich schaue mir meinen Plan für das kommende Jahr an – jeden einzelnen Monat, mit allem, was in diesem Monat ansteht.
* Ich lege mir einen Zettel zurecht.
* Ich entzünde eine Kerze für das neue Jahr und nehme mir Ruhe und Zeit für diese Jahressegnung.

Lies dir zuerst den gesamten Weg durch, um dann ganz in deiner inneren Anbindung jeden Monat im neuen Jahr zu segnen und dir Notizen dazu zu machen. (Auf den nachfolgenden Seiten hast du Gelegenheit, dir Entsprechendes zu den einzelnen Monaten zu notieren.)

## VORBEREITUNG

* Ich lege meine Hände auf mein Herz und öffne mein Herz für die Liebe zu allem Leben.
* Ich atme 3x aus dem Universum zum Kronenzentrum ein und in den Bauchnabel (meine Körpermitte) aus, sodass ich ganz bei mir und in der Verbindung mit dem Höheren Selbst ankomme.
* Ich mache mir bewusst, dass alle Meister, Engel, Buddhas unablässig segnen und dass Segen immer da ist. Ich spüre ihre Gegenwart und die Segensströme.
* Ich spreche für mich folgenden Satz:

»Ich bin ein geistiges Wesen, das für eine bestimmte Zeit eine menschliche Erfahrung macht, und als geistiges Wesen habe ich Zugang zu den höchsten Ebenen des Geistes und zu den Ebenen des Segens.«

## FOLGENDES WIEDERHOLE ICH 12 MAL FÜR ALLE 12 MONATE

* Ich reibe meine Hände aneinander.
* Dann lege ich meine Hände auf mein Herz.
* Ich konzentriere mich auf den Januar und nehme die Hände nach oben – es ist, als ob ich eine Kugel für diesen Monat in den Händen halte.
* Ich warte, bis ich fühle, dass der Segen aus den höchsten Ebenen einströmt. Es kann sein, dass es warm wird, dass die Hände anfangen zu kribbeln, dass ich schwanke, dass ich einfach weiß, dass jetzt der Segen in die Kugel strömt. Dieser Segen kann eine bestimmte Farbe, ein Symbol … enthalten.
* Ich halte die Hände mit der imaginierten Kugel für den Januar vor mein Herz.
* Ich gebe aus meinem Herzen einen Impuls mit in den Januar, z. B. denke ich an Flow, atme ein und in meiner Vorstellung in die Kugel aus und spüre, wie dieser Impuls in die Kugel übergeht.
* Ich nehme die Hände nach unten und lasse den Impuls in meiner Vorstellung in den Januar strömen.
* Ich mache mir Notizen – Farbe, Symbol, Impuls, wie sich die Kugel angefühlt hat.

## BEISPIEL: JANUAR

Hellviolette Kugel mit goldenen Funken; reinigend, weit, hell und strahlend; Impuls: Güte; Quan Yin kam mir in den Sinn. Es strömte leicht und elegant in den Monat Januar.

## NUN WIEDERHOLE ICH DEN VORGANG FÜR DEN FEBRUAR

* Ich reibe meine Hände aneinander.
* Lege die Hände auf mein Herz.
* Konzentriere mich auf den Februar …

## BEISPIEL: FEBRUAR
Goldene/orangene Kugel; helles Licht; Sonne; Kühle; ein silbergoldener Engel erschien mir; Impuls: Balance; es strömte lange und hell in den Monat Februar. Ich bekam das Gefühl, dass etwas Neues in mein Leben tritt …

Abschließend lasse ich aus den höchsten Ebenen noch einmal den Segen in das gesamte Jahr strömen, indem ich Folgendes spreche: »Ich bitte euch, ihr lichten Kräfte, sendet Wellen des goldenen Segens in das neue Jahr. Eilt voraus und macht den Weg frei für mich und alles, was mit mir sichtbar und unsichtbar verbunden ist.«
 Ich stelle mir vor, wie eine Welle des Segens durch das gesamte Jahr strömt und rufe jeden einzelnen Monat noch einmal auf. DANKE.

## TIPP
Wenn nun eine Kugel in meiner Vorstellung dunkel ist oder zerbricht, so segne ich nach und frage die Geistige Welt, meine Engel, was zu tun ist. Ich bitte einen Menschen, dem ich vertraue, mit mir den Segen zu sprechen.

## ERWEITERUNG
Diese Segnung kann man gut in einer Gruppe durchführen, indem man jedem einen Zettel austeilt und die Monate und Handlungen ansagt, sodass jeder für sich die einzelnen Monate spüren und segnen kann.
 Wenn ich in einem Monat eine Reise mit einer anderen Person leite, so telefonieren wir, verbinden uns über das Hohe Selbst, lassen den Segen gemeinsam in die Zeit hineinströmen und erzählen uns gegenseitig, was wir empfunden haben. Das ist eine erste Vorbereitung der Reisen.

# Hinweis

## Nun wird es Zeit,

den Stift in die Hand zu nehmen und direkt in dieses Büchlein zu schreiben. Scheue dich nicht. Freue dich darauf, all deine Bemerkungen direkt in diesem Büchlein zu notieren – das gilt besonders für die nachfolgenden Kapitel zur Vorbereitung und Begleitung durch die Rauhnächte. Auf diese Weise hast du alle Notizen für das alte und neue Jahr in einem Buch zusammengefasst und kannst sie im folgenden Jahr immer wieder zur Hand nehmen.

Falls deine Notizen länger sein sollten und du nicht genug Platz im Büchlein findest, lege einen zusätzlichen Notizzettel in die entsprechende Seite.

# Jahressegnung ............................ *(Jahr)*

**Januar**

.................................................................................
.................................................................................
.................................................................................
.................................................................................

**Februar**

.................................................................................
.................................................................................
.................................................................................
.................................................................................

**März**

.................................................................................
.................................................................................
.................................................................................
.................................................................................

**April**

.................................................................................
.................................................................................
.................................................................................
.................................................................................

**Mai**

.................................................................................
.................................................................................
.................................................................................
.................................................................................

**Juni**

.................................................................................
.................................................................................
.................................................................................
.................................................................................

**Juli**

**August**

**September**

**Oktober**

**November**

**Dezember**

## Säen der Lichtsamen

Bewusst oder unbewusst legen wir in der Zeit der Rauhnächte die Samen für das neue Jahr. Es gibt verschiedene Strömungen während dieser Zeit. Zum einen empfangen wir die Impulse und die Kraft des neuen Jahres, zum anderen säen wir das, was wir ernten werden. Dies sind manchmal sehr subtile Impulse. Vorbeihuschende Gedanken, aufblitzende Gefühle wie beispielsweise, ich würde gerne ein Seminar besuchen oder etwas lernen … Wir können diese Impulse in dieser Zeit aber auch ganz bewusst setzen. Auf wundersame Weise erfüllen sie sich oft nebenbei, ohne dass wir uns noch groß daran erinnern können.

*Was wir säen, ernten wir.*

# Jahresabschlussbilanz – Reflexion des alten Jahres

**Segenspunkte – Was habe ich in diesem Jahr gut gemacht?**
(Wünsche, die in Erfüllung gegangen sind; Ziele, die ich erreicht habe; Frieden, Gesundheit, Glück, Freude, Freundschaften …)

**Welche Projekte habe ich begonnen, durchgezogen und abgeschlossen?** (beruflich, privat; Hausbau, Garten …)

**Was ist noch offen? – Was nehme ich mit in das neue Jahr?**
(Rechnungen, Gespräche, Versicherungen, Schulden, Fortbildungen, Ausbildungen, Abschlüsse …)

.................................................................................
.................................................................................
.................................................................................
.................................................................................
.................................................................................
.................................................................................

**Was waren die Herausforderungen in diesem Jahr?**
(Krankheiten, Hindernisse, unerwartete Ereignisse …)

.................................................................................
.................................................................................
.................................................................................
.................................................................................
.................................................................................
.................................................................................

**Welche Lektionen gab es? Was habe ich daraus gelernt?**
(z. B.: Aus dem Verrat an meinem Arbeitsplatz habe ich gelernt, für mich einzustehen; aus dem Konflikt mit … habe ich gelernt, nicht mehr so viel zu versprechen …)

.................................................................................
.................................................................................
.................................................................................
.................................................................................
.................................................................................
.................................................................................

**Was ist noch offen? Was darf noch geklärt, abgeschlossen werden?**
(Steuererklärung, Vertragsregelung, Notartermine …)

..........................................................................................
..........................................................................................
..........................................................................................
..........................................................................................
..........................................................................................
..........................................................................................

**Was möchte ich im alten Jahr lassen?**
(Lösen aus den Bindungen von …)

..........................................................................................
..........................................................................................
..........................................................................................
..........................................................................................
..........................................................................................
..........................................................................................

**Welche Erkenntnisse haben mir meine Reisen im alten Jahr gebracht?**
(z. B. Ägypten: Erkenntnis: …; Österreich: Erkenntnis: …)

..........................................................................................
..........................................................................................
..........................................................................................
..........................................................................................
..........................................................................................
..........................................................................................

**Geburten:**
(Datum: ...; Name: ...; Was mich besonders bewegt hat: ...)

..................................................................................................
..................................................................................................
..................................................................................................
..................................................................................................
..................................................................................................
..................................................................................................

**Hochzeiten:**
(Datum: ...; Namen: ...; Was mich besonders bewegt hat: ...)

..................................................................................................
..................................................................................................
..................................................................................................
..................................................................................................
..................................................................................................
..................................................................................................

**Abschied & Tod:**
(Datum: ...; Name: ...; Was mich besonders bewegt hat: ...)

..................................................................................................
..................................................................................................
..................................................................................................
..................................................................................................
..................................................................................................
..................................................................................................

# Einstimmung in das neue Jahr

..................................................... *(Jahr)*

**Jahresregent:** ................................................................... (z. B. Sonne)

**Chinesisches Zeichen:** ................................................... (z. B. Drache)

**Mein neues Jahresmotto:**
(z. B. Pono – flexibel sein; Erfahrung, Wachstum, Beitrag;
Alles leichter und mit Humor sehen)

..................................................................................................
..................................................................................................
..................................................................................................
..................................................................................................
..................................................................................................
..................................................................................................
..................................................................................................
..................................................................................................

**Geplante Projekte:**
(z. B. Hausbau, Umzug, Wechsel, neue Ausbildung …)

..................................................................
..................................................................
..................................................................
..................................................................
..................................................................

**Fort- und Weiterbildungen …
geplante Reisen – Besonderheiten:**
(z. B. USA, Visum rechtzeitig beantragen …)

..................................................................
..................................................................
..................................................................
..................................................................
..................................................................

**Welche Samen möchte ich in den Rauhnächten
für das neue Jahr säen?**
(Wünsche, Visionen, Vorstellungen, Träume …)

..................................................................
..................................................................
..................................................................
..................................................................
..................................................................

# Das Spiritteam im neuen Jahr

## Der innere Garten

Jedes Jahr am 21.12. mache ich eine Reise in meinen inneren Garten und bitte meine Spirits, mich zu der Aufgabe, dem Bild, den Kräften des neuen Jahres zu führen. Ich bedanke mich bei meinem Team, das mich durch das alte Jahr begleitet hat, und bitte um die Zusammenstellung des Teams für das neue Jahr. Seit über 20 Jahren bekomme ich aus diesem heiligen Raum meines Herzens Bilder und Kräfte und eine Vorschau auf das, was im neuen Jahr auf mich zukommt.

**DIES IST EINE MÖGLICHKEIT, IN KONTAKT MIT SICH SELBST ZU SEIN**

* Stelle dir Musik an (schamanische Reisen, Delfin- oder Walklänge oder ruhige Meditationsmusik).
* Lade dich über die Atmung auf.
* Sinke aus dem denkenden Verstand in den Raum deines Herzens.
* Öffne dein Herz für die Liebe zu allem Leben.
* Gehe noch tiefer in deinen geistigen Raum.
* Öffne alle Sinne (Sehen, Hören, Schmecken, Riechen, Fühlen). Spüre den Weg unter deinen Füßen, achte auf die Geräusche im inneren Raum.

* Gehe ganz in deine Mitte.
* Es zieht dich nach oben, in die Obere Welt, in einen wunderschönen Tempelgarten. Bitte all deine Spirits des vergangenen Jahres zu erscheinen, und bedanke dich für die Führung, die Fügungen und Ereignisse. Stelle Fragen zu bestimmten Ereignissen im alten Jahr, und lausche den Antworten. Wir segnen das alte Jahr – mit allem, was war. Einige Spirits gehen nun, neue kommen dazu, weil das neue Jahr eine andere Schwingung hat. Nutze die »Liste für das Spiritteam« auf den folgenden Seiten.
* Schreibe alles auf. Am Ende bitte um die Essenz für das neue Jahr und die Wachstumsaufgabe. Bedanke dich, und segnet alle zusammen in der neuen Frequenz das kommende Jahr. Schreibe auf, was du im inneren Garten erlebt hast und was das Hauptbild war.

## EINE WEITERE MÖGLICHKEIT
Du kannst auch die nachfolgende Liste vor dich legen, ein Licht entzünden, dich mit den höheren Ebenen verbinden, schauen, welche Gedanken dir zuerst in den Sinn kommen, und diese aufschreiben.

# Hier die Liste für das Spiritteam:
## Tikis – Spirits – Das geistige Team

................................................ *(Jahr)*

................................................................................................ *(dein Name)*

### Krafttier
Welches Kraft- oder Helfertier ist in diesem Jahr wichtig?
..............................................................................................................
..............................................................................................................

### Naturwesen/Elemente
Welche Naturkräfte sind besonders stark?
Welche Elemente sind vorherrschend?
..............................................................................................................
..............................................................................................................

## Pflanzenmedizin
Welche Pflanzenverbündeten begleiten mich?
..........................................................................................
..........................................................................................
..........................................................................................

## Engel
Welche Engel begleiten mich?
..........................................................................................
..........................................................................................
..........................................................................................

## Edelstein
Welche Edelsteine sind von Bedeutung?
..........................................................................................
..........................................................................................
..........................................................................................

## Heiler/Heilerin
(Kulturraum zeigt die Heilungswege z. B. asiatisch – Akupunktur, Engel, Reiki …) Welche Heilkräfte sind tätig?
..........................................................................................
..........................................................................................
..........................................................................................

## Symbol
Welche Symbole begleiten, schützen, stärken mich?
.................................................................................................
.................................................................................................
.................................................................................................

## Lehrer/Lehrerin
(z. B. hawaiianische, indische, asiatische, … Geistführer)
Welche Geistführer begleiten mich?
.................................................................................................
.................................................................................................
.................................................................................................

## Meister/Meisterin
Welcher Meister, welche Meisterin ist an meiner Seite?
.................................................................................................
.................................................................................................
.................................................................................................

## Kraftsymbol/Kraftgegenstand
Welchen Gegenstand erhalte ich von der Geistigen Welt?
.................................................................................................
.................................................................................................
.................................................................................................

## Kraftort
Welche Orte, Plätze, Reisen sind für mich wichtig?
.................................................................................................
.................................................................................................
.................................................................................................

**Segen/Geschenk/Vision/Aufgabe:**

..................................................................................
..................................................................................
..................................................................................
..................................................................................

**Motto des neuen Jahres:**

..................................................................................
..................................................................................
..................................................................................
..................................................................................

**Sonstiges – Anmerkungen:**

..................................................................................
..................................................................................
..................................................................................
..................................................................................

# Begleitung durch die Rauhnächte –
## Der Torweg in das neue Jahr

# 1. RAUHNACHT *Impuls*

> »Der Same Gottes ist in uns.
> Birnensamen wachsen zu Birnenbäumen heran,
> Haselsamen zu Haelsträuchern und
> Gottessamen zu Gott.«
>
> (MEISTER ECKHART)

Die Weihnachtszeit ist die Zeit, in der Wünsche wahr werden können. Nimm dir heute Zeit zu säen: Was möchtest du im neuen Jahr hervorbringen? Was möchtest du verwirklichen? Welche Samen möchtest du säen? Notiere dir jeweils kurz und knapp auf einem Blatt Papier deine Lichtsamen für folgende Bereiche:

1. **Zentrum – das Selbst:** Welche »göttliche Qualität« (Mitgefühl, Segen, Güte, Glückseligkeit …) möchtest du mehr leben?
2. **Dein Lebensweg:** Wie soll sich dein Lebensweg anfühlen (leicht, im Flow, segensvoll …)?
3. **Beziehungen – vom ICH zum DU zum WIR:** Was wünschst du dir in Beziehungen und Partnerschaften? Was bist du bereit, zu geben? Welche neuen Schritte möchtest du gehen? Wo möchtest du dich tiefer einlassen, wo eher lösen?
4. **Ideen, Visionen, Träume:** Welche Idee, welche Vision darf in die Wirklichkeit treten?
5. **Reichtum, Fülle, Möglichkeiten:** Welche Möglichkeiten und Wege der Selbstverwirklichung siehst du für dich?

# 1. Rauhnacht
## 24./25. Dezember

**1. Weihnachtstag**
**25. Dezember**
Steht für den Monat: **Januar**

Namenstag: Anastasia – Der Name Anastasia bedeutet ›die Auferstehende‹. Erhebe dich aus der Dunkelheit in das Licht.

Thema: **Basis – Grundlage**

6. **Freunde, Gefährten:** Welche Freunde, Begleiter – das können auch Tiere, Plätze, Steine, Pflanzen, geistige Wesen sein – unterstützen und stärken dich?
7. **Kreativität:** Wie willst du deine Impulse umsetzen?
8. **Persönlichkeitsentwicklung, Weiterbildung:** Worin möchtest du dich weiterbilden? Was möchtest du für dich lernen oder dir aneignen?
9. **Erfolg, Veränderungen, Ansehen:** Was willst du der Gesellschaft, den Menschen bringen, geben? Was möchtest du zum Gesamten beisteuern?

Wenn du alles notiert hast, gehe diese Schritte nochmals im Geiste durch. Fühle sie.

Du hast wunderbare Lichtsamen, die du nun aus dem geistigen Raum auf die Erde bringen kannst. Gehe noch einmal Punkt für Punkt in einer nach innen gerichteten, fühlenden Haltung durch.

Du kannst dich mit deinen Engeln verbinden und dir zum jeweiligen Thema die Lichtsamen geben lassen. Auf diese Weise gleichst du dich mit höheren Ebenen ab.

Schließe deine Augen, falte deine Hände vor deinem Herzen, und verbinde dich mit den Engeln und Meistern. Spüre, fühle, wisse oder sieh, was sie dir zu dem jeweiligen Thema in die Hände legen, achte auf die Impulse, die kommen. Nachdem du alle Themen durchgegangen bist, lege deine Hände auf dein Herz, und atme all die Lichtimpulse, die du empfangen hast, mit einem tiefen Einatmen in dein Herz ein. Spüre, wie die Lichtsamen aus dem geistigen Raum tief in dich hineinsinken, damit sie zu gegebener Zeit aufgehen können.

*Danke!*

# 1. Rauhnacht
## 24.12. / 25.12.

**Besonderheiten:**
(z. B. Mondstand in welchem Zeichen …)

**Traumerinnerung – Meditation:**
(z. B. unruhig geschlafen; gefröstelt und gefroren; geträumt von …; in der Meditation … erlebt)

**Tagesqualität:**
(Wetter, Stimmung, Gefühl)

**Tagesorakel:**

.................................................................................................................
.................................................................................................................
.................................................................................................................
.................................................................................................................
.................................................................................................................
.................................................................................................................

**Tagesereignisse:**
(z. B. spät aufgestanden, ein besonderes Festessen zubereitet, Gedanken, Impulse …)

.................................................................................................................
.................................................................................................................
.................................................................................................................
.................................................................................................................
.................................................................................................................
.................................................................................................................

**Menschen, Tiere, Pflanzen, mit denen ich heute in Kontakt war:**
(z. B. während eines Waldspaziergangs einen Fuchs gesehen … )

.................................................................................................................
.................................................................................................................
.................................................................................................................
.................................................................................................................
.................................................................................................................
.................................................................................................................

## Zeichen:
(Symbole, Anrufe, innere Gedanken …)

.......................................................................................................
.......................................................................................................
.......................................................................................................
.......................................................................................................
.......................................................................................................

## Positive Impulse, negative Impulse:

.......................................................................................................
.......................................................................................................
.......................................................................................................
.......................................................................................................
.......................................................................................................

## Samen, den ich heute säe:

.......................................................................................................
.......................................................................................................
.......................................................................................................
.......................................................................................................
.......................................................................................................

## Sonstiges (Wunder des Tages):

.......................................................................................................
.......................................................................................................
.......................................................................................................
.......................................................................................................
.......................................................................................................

# 2. RAUHNACHT *Impuls*

*Lasse deine Visionen, Träume und Gebete fliegen, damit sie Energie aus dem Universum anziehen können.*

## Haipule — *Den Traum aufsteigen lassen*

**Hai** bedeuet Verlangen oder Bedürfnis, ein Opfer darbringen, erklären und verfolgen. **Pule** heißt Gebet, Vision, Traum, Segen, Zauberspruch.

Oder man gliedert Haipule in seine Wortsilben auf, die im Einzelnen bedeuten: **Ha** – Energie verleihen durch tiefes Atmen und Erinnern, **i** – bestätigen, was du willst, **pu** – sich vorstellen, was man will, **le** – eine Tat vollbringen.

* Entspanne dich, mache es dir bequem, und schließe deine Augen.
* Denke jetzt an etwas, was du erreichen möchtest, was du sein möchtest oder was du haben möchtest.
* Mache jetzt die Pico-Pico-/Himmel-Erde-Atemtechnik: Atme mit deiner Aufmerksamkeit nach oben zum Himmel gerichtet ein. Atme zu deinem Nabelzentrum aus. Atme mit deiner Aufmerksamkeit nach unten zur Erde ein. Atme zu deinem Nabelzentrum aus. Himmel einatmen – Nabelzentrum ausatmen. Erde einatmen – Nabelzentrum ausatmen. Wiederhole diese Atmung für einige Zeit – baue sie mit Gefühlen und Emotionen auf. Bilde dadurch ein hohes Energiefeld in dir.

* Während du diese Atemtechnik praktizierst, sage dir, was du erreichen willst, visualisiere es in dir, fühle diese Energiebilder in deinem Körper. In deiner geistigen Schau hast du schon erreicht, was du wolltest. Sieh, wie es schon gegenwärtig ist. Alles, was mit diesem Prozess zu tun hat: Gefühle, Gedanken, Emotionen – was immer sich auch einschalten mag, halte es aufrecht, und bleibe im Prozess.
* Zähle bis drei, und dann tue irgendetwas, um dich auszudrücken oder um dir klarzumachen, dass du schon erreicht hast, was du während des Prozesses wolltest. Drücke dies durch ein Klatschen in die Hände aus oder indem du einen Laut von dir gibst oder deine Hände auf dein Herz oder dein Nabelzentrum legst. Oder tue sonst irgendetwas, was dies für dich ausdrückt. Eins, zwei, drei. Komme jetzt in die Gegenwart zurück, räkele und strecke dich, und öffne deine Augen.

## 2. Rauhnacht
### 25./26. Dezember

**2. Weihnachtstag,** 26. Dezember
Steht für den Monat: **Februar**

Namenstag: Stephan – Dieser Tag ist ebenfalls dem heiligen Joseph gewidmet, dem liebevoll, göttlichen väterlichen Prinzip.

Thema: **Verbindung zum Höheren Selbst**

## 2. Rauhnacht
## 25.12. / 26.12.

**Besonderheiten:**
(z. B. Mondstand in welchem Zeichen …)

..................................................
..................................................
..................................................
..................................................
..................................................

**Traumerinnerung – Meditation:**
(z. B. unruhig geschlafen; gefröstelt und gefroren; geträumt von … ;
in der Meditation … erlebt)

..................................................
..................................................
..................................................
..................................................
..................................................

**Tagesqualität:**
(Wetter, Stimmung, Gefühl)

..................................................
..................................................
..................................................
..................................................
..................................................

**Tagesorakel:**

..................................................................................................
..................................................................................................
..................................................................................................
..................................................................................................
..................................................................................................
..................................................................................................
..................................................................................................

**Tagesereignisse:**
(z. B. eine positive Nachricht erhalten, Gedanken, Impulse …)

..................................................................................................
..................................................................................................
..................................................................................................
..................................................................................................
..................................................................................................
..................................................................................................
..................................................................................................

**Menschen, Tiere, Pflanzen, mit denen ich heute in Kontakt war:**
(z. B. heute die Eltern oder andere Verwandte besucht …)

..................................................................................................
..................................................................................................
..................................................................................................
..................................................................................................
..................................................................................................
..................................................................................................
..................................................................................................

## 2.

**Zeichen:**
(Symbole, Anrufe, innere Gedanken …)

..............................................................
..............................................................
..............................................................
..............................................................
..............................................................

**Positive Impulse, negative Impulse:**

..............................................................
..............................................................
..............................................................
..............................................................
..............................................................
..............................................................

**Samen, den ich heute säe:**

**Sonstiges (Wunder des Tages):**

# 3. RAUHNACHT *Impuls*

*In dieser gnadenbringenden Zeit
öffne dich für die Gnade, mache dich bereit.
Ein neues Licht, es ist geboren.
Vergib, verzeihe, du bist erkoren,
die Gnade Gottes zu empfangen
in kleinen und in großen Belangen.*

Reiner Segen strömt aus einem sanften Herzen. Segne die Gegenwart mit deinem Sein. Das silberne Licht des Mondes ist die Gnade. Das Gewand von Mutter Maria ist oft silbern schimmernd. Sie steht auf einer silbernen Mondsichel. Wasser ist silbern schimmernd. Wasser führt uns in die Allverbindung.

Göttliche Gnade ist immer da, wenn wir uns ihr zuwenden. Kein Heiliger ist ohne Vergangenheit, kein Sünder ohne Zukunft. Heute kannst du dich neu ausrichten.

Lade die Gnade ein. Fühle Gnade in dir, und die Einheit allen Seins. Berühre alles in deinem Leben, was dir an Themen und in Beziehungen hartnäckig und schwer erscheint, mit dem sanften, silbern schimmernden Strahl der Gnade.

Spüre, wie sich die Energie löst und in die Liebe zurückströmt. Gnade macht frei und bringt jede Energie wieder in den goldenen Fluss des Seins.

# 3. Rauhnacht
## 26./27. Dezember

**27. Dezember**

Steht für den Monat: **März**

Namenstag: Johannes – »Gottes Gnade«

Thema: **Lasse Wunder in deinem Leben zu, Herzöffnung**

## 3. Rauhnacht
## 26.12. / 27.12.

**Besonderheiten:**
(z. B. Mondstand in welchem Zeichen …)

**Traumerinnerung – Meditation:**
(z. B. erholsam durchgeschlafen; geträumt von …;
in der Meditation … erlebt)

**Tagesqualität:**
(Wetter, Stimmung, Gefühl)

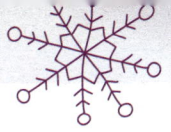

**Tagesorakel:**

**Tagesereignisse:**
(z. B. Anruf erhalten, Gedanken, Impulse …)

**Menschen, Tiere, Pflanzen, mit denen ich heute in Kontakt war:**
(z. B. heute überraschenderweise eine frühere Bekannte getroffen …)

**Zeichen:**
(Post, Symbole, Anrufe, innere Gedanken …)

**Positive Impulse, negative Impulse:**

# 3.

**Samen, den ich heute säe:**

**Sonstiges (Wunder des Tages):**

# 4. RAUHNACHT *Impuls*

*Violettes Feuer, wandle, wandle, wandle,
transformiere alles ins Licht,
bis es dem göttlichen Plan entspricht.*

Die violette Strahlung ist eine elektromagnetische Strahlung, deren hohe Frequenzen weit in die geistige Energie hinein schwingt, alle energetischen Abdrücke auf allen Ebenen reinigt und alles wieder in das reine Licht zurückträgt. Die wichtigste Quelle des violetten Lichtes ist die Sonne. Saint Germain übermittelte die transformierende, heilsame Flamme des Lichtes durch Legionen, violettes Feuer, Elohim und Engel der Menschheit.

Alte Muster, Gewohnheiten, Überzeugungen, destruktive Denkweisen und Handlungen wirken dem neugeborenen, reinen, unschuldigen Licht entgegen. Am heutigen Tag können wir die zurückliegenden Tage betrachten und Äußerungen, Träume, Muster, die uns in dieser Zeit eingeholt haben, mit dem violetten Feuer reinigen, da sie noch tief in uns verankert sind.

Nimm eine übergeordnete Perspektive ein, in der Vergangenheit, Gegenwart und Zukunft eins sind und von Impulsen aus jeder Richtung beeinflusst werden können. Lasse alles aufsteigen, was dich hindert, das Licht erstrahlen zu lassen. Bitte Engel und Meister der höchsten Ordnung um Hilfe. Wirke mit dem violetten Feuer, bis du friedlich, still, gegenwärtig, wach und lebendig, frei und leicht in dir ruhst.

# 4. Rauhnacht
## 27.12. / 28.12.

**Besonderheiten:**
(z. B. Mondstand in welchem Zeichen …)

........................................................................................
........................................................................................
........................................................................................
........................................................................................
........................................................................................

**Traumerinnerung – Meditation:**
(z. B. unruhig geschlafen; geschwitzt; einen Albtraum gehabt; geträumt von … ; in der Meditation … erlebt)

........................................................................................
........................................................................................
........................................................................................
........................................................................................
........................................................................................

## Tagesqualität:
(Wetter, Stimmung, Gefühl)

........................................................................................................
........................................................................................................
........................................................................................................
........................................................................................................
........................................................................................................
........................................................................................................
........................................................................................................

## Tagesorakel:

........................................................................................................
........................................................................................................
........................................................................................................
........................................................................................................
........................................................................................................
........................................................................................................
........................................................................................................

## Tagesereignisse:
(z. B. einen besonderen Brief erhalten, Gedanken, Impulse … )

........................................................................................................
........................................................................................................
........................................................................................................
........................................................................................................
........................................................................................................
........................................................................................................

*4.*

## 4.

**Menschen, Tiere, Pflanzen, mit denen ich heute in Kontakt war:**
(z. B. während eines Spaziergangs eine alte Eiche bewundert)

**Zeichen:**
(Post, Symbole, Anrufe, innere Gedanken …)

**Positive Impulse, negative Impulse:**

**Samen, den ich heute säe:**
....................................................................................................
....................................................................................................
....................................................................................................
....................................................................................................
....................................................................................................
....................................................................................................

**Sonstiges (Wunder des Tages):**
....................................................................................................
....................................................................................................
....................................................................................................
....................................................................................................
....................................................................................................
....................................................................................................

# 5. RAUHNACHT *Impuls*

## *In Beziehung sein*

## *Namasté* –
Das Göttliche in mir grüßt und ehrt das Göttliche in dir.

Diese Rauhnacht steht für Beziehungen, Freundschaften und Partnerschaften. Jetzt ist eine wunderbare Gelegenheit, das Feld zu reinigen, alte Verbindungen zu stärken, zu lösen oder neu auszurichten und neue Verbindungen ins Leben zu rufen.

Die vier Ebenen der Beziehung

**1.** SELBST – Die erste Beziehung, die wir aufbauen, ist die Beziehung zu uns selbst. Nimm dir Zeit, setze dich vor den Spiegel, und erkenne all das Gute in dir und an dir an. Was schätzt du an dir selbst? »Ich liebe …«, »Ich schätze an mir …« Mache diese Übung mindestens 5 Minuten lang.

**2.** GLAUBE – Die zweite Beziehung ist die Beziehung zum Göttlichen. Niemand darf zwischen dir und dem Göttlichen stehen. Du hast eine direkte Verbindung zum Göttlichen. Glaube, und vertraue, die göttliche Kraft hilft. Wie ist deine Verbindung zur Einheit allen Seins, zu Gott, zum Göttlichen? Wann, wo und durch was in deinem Leben hast du »Gott« erfahren?

# 5. Rauhnacht
## 28./29. Dezember

**29. Dezember**

Steht für den Monat: **Mai**

Namenstag: Thomas

Thema: **Freundschaft**

**3.** VERTRAUEN – Die dritte Beziehung ist die Beziehung zu unseren Mitmenschen, zu unserer Familie, unserem Partner, zu Freunden, zur Seelenfamilie, zum Seelenpartner. Sei der Partner, der Freund, die Freundin, die du dir selbst wünschst. Nimm dir Zeit, und spüre alle deine Verbindungen – vergangene, gegenwärtige, zukünftige –, mit dem Einatmen nimmst du Segensenergie auf, mit dem Ausatmen fließt Segen in all deine Verbindungen. Manche Verbindungen werden gestärkt, andere lösen sich wieder, und wieder andere kommen neu in dein Leben. Schließe deine Augen, und spüre das Netzwerk deiner Verbindungen.

All dies geschieht jetzt. Konzentriere dich auf die Qualitäten, die du dir in Beziehungen wünschst und die du selbst bereit bist zu geben. Verständnis, Achtsamkeit, liebevolle Kommunikation, Wertschätzung …

**4.** VERBINDUNG – Die vierte Beziehung ist die Beziehung zur Erde, zu unserer Umwelt, zur Natur, zu den Tieren, den Pflanzen, Plätzen und Orten. Beachte zuerst deine nächste Umgebung. Bringe sie in Ordnung. Übe dich darin, dich mit allem verbunden zu fühlen. Atme mit der Erde, mit den Tieren, mit den Pflanzen, und fühle die eine Quelle hinter allem.

*Verbringe heute Zeit mit jemandem, den du* *liebst.*
*Lebe und pflege deine*
*Herzensverbindungen!*

# 5. Rauhnacht
## 28.12. / 29.12.

**Besonderheiten:**
(z. B. Mondstand in welchem Zeichen …)

**Traumerinnerung – Meditation:**
(z. B. gut geschlafen; geträumt von … ; in der Meditation … erlebt)

**Tagesqualität:**
(Wetter, Stimmung, Gefühl)

**Tagesorakel:**

**Tagesereignisse:**
(z. B. verschlafen, im Stau gestanden, Gedanken, Impulse …)

**Menschen, Tiere, Pflanzen, mit denen ich heute in Kontakt war:**
(z. B. heute ein Rotkehlchen beobachtet …)

5.

## Zeichen:
(Post, Symbole, Anrufe, innere Gedanken …)

....................................................................................
....................................................................................
....................................................................................
....................................................................................

## Positive Impulse, negative Impulse:

....................................................................................
....................................................................................
....................................................................................
....................................................................................

## Samen, den ich heute säe:

....................................................................................
....................................................................................
....................................................................................
....................................................................................

## Sonstiges (Wunder des Tages):

....................................................................................
....................................................................................
....................................................................................
....................................................................................

# 6. RAUHNACHT *Impuls*

*»Jenseits von richtig und falsch liegt ein Ort.
Dort können wir uns treffen.«* (RUMI)

Kannst du dir diesen Ort vorstellen? Triff dich dort mit den Menschen, mit denen du im Herzen verbunden bist, und schaue, was in euch gegenwärtig lebendig ist. Wandelt das, was euch bindet, in das, was euch frei macht. Liebe ist ein Kind der Freiheit. Achtet und wertschätzt das Licht im anderen, und helft euch wechselseitig in die Kraft des ewigen Seins.

Nimm dir Zeit, begib dich in der Meditation an diesen Ort. Schaue, was in dir lebendig ist und was du durch Anerkennung, Wertschätzung, Vergebung, Bereinigung, Klärung in dir in das Licht und in die Liebe zurückfließen lassen kannst.

*Klären, bereinigen, räuchern auf
allen Ebenen des Seins …*

Heute ist ein guter Tag, um Wohnung, Haus und Hof zu räuchern und die Vorbereitungen für den Jahreswechsel zu treffen.

*Ohana bedeutet Familie.
Familie bedeutet,
alle gehören zusammen.
Vom Ich zum Du zum Wir –
wir sind eins.*

## 6. Rauhnacht
### 29./30. Dezember

**30. Dezember**

**Festtag der heiligen Familie**

Steht für den Monat: **Juni**

Thema: **Bereinigung**

**6.**

# 6. Rauhnacht
## 29.12. / 30.12.

**Besonderheiten:**
(z. B. Mondstand in welchem Zeichen …)

**Traumerinnerung – Meditation:**
(z. B. ruhig geschlafen; geträumt von …; in der Meditation … erlebt)

**Tagesqualität:**
(Wetter, Stimmung, Gefühl)

**Tagesorakel:**

**Tagesereignisse:**
(z. B. unerwartet ein Paket erhalten, Gedanken, Impulse …)

## 6.

**Menschen, Tiere, Pflanzen, mit denen ich heute in Kontakt war:**
(z. B. heute ein Eichhörnchen gesehen …)

..................................................................
..................................................................
..................................................................
..................................................................
..................................................................

**Zeichen:**
(Post, Symbole, Anrufe, innere Gedanken …)

..................................................................
..................................................................
..................................................................
..................................................................
..................................................................

**Positive Impulse, negative Impulse:**

**Samen, den ich heute säe:**

**Sonstiges (Wunder des Tages):**

# 7. RAUHNACHT *Impuls*

**TORWEG:** Übergang von einer vergangenen Zeit zu einer neu beginnenden Zeit.

Heute trittst du über eine Schwelle, du gehst einen Torweg vom vergangenen Jahr in ein neues Jahr. Gehe bewusst über diese Schwelle.

Die Erde begibt sich für 24 Stunden in jeder Zeitzone in ein neues Jahr, beginnend um 11 Uhr mittags deutscher Zeit in Samoa und endend am nächsten Tag um 11 Uhr in Hawaii, dazwischen liegen viele Wege, Länder, Möglichkeiten und Formen, das neue Jahr zu beginnen, denn in jeder Zeitzone begrüßen weltweit Menschen das neue Jahr.

### 7. Rauhnacht
#### 30./31. Dezember

**Silvester,** 31. Dezember

Steht für den Monat: **Juli**
Namenstag: **Silvester**

Thema: **Vorbereitung auf das Kommende**

Schließe mit dem Alten ab, und heiße das Neue willkommen. Es reicht die erklärte Absicht, dass alles, was in deinem Leben noch unabgeschlossen ist, nicht mehr länger Teil deiner Erkenntnis und Wahrnehmung ist. Lasse es los. In dir wirken schöpferische Kräfte, du darfst Altes verwerfen und neue Pläne schmieden. Es ist okay, alte Muster einfach loszulassen, damit sie erledigt sind. Sie dienen dir jetzt nicht mehr.

**Absichtserklärung:**
»Hiermit erkläre ich, dass … (das, was du loslassen möchtest) nicht mehr länger Teil meines Erkenntniswegs ist. Ich verwerfe das alte Muster, es hat keine Gültigkeit mehr für mich. Ich lasse den goldenen Regen des Segens aus den höchsten Ebenen in das neue Jahr hineinströmen. DANKE!«

Vielleicht fallen dir bei deinen Silvestervorbereitungen Dinge auf, die du nicht mehr brauchst oder die dir nicht mehr dienen. Gib sie weg. Verschenke sie, lasse sie auf deine Weise los. Vielleicht gibt es Symbole, Dinge, die dir viel bedeuten, gib ihnen einen Ehrenplatz. Wenn es ein Schmuckstück oder Kleidungsstück ist, so trage es. Bringe im Übergang das neugeborene Leben zum Ausdruck, das fortan deinen Lebensweg bestimmt.

**Vorbereitung auf Silvester:**
* Räuchern von Haus und Hof
* Rote Unterwäsche zu tragen, verheißt glückliche Liebesstunden.
* Der Teller sollte leer gegessen werden, weil dies Geldsegen im neuen Jahr bringen soll.
* Orakeln – Blei gießen, Runen ziehen …

# 7. Rauhnacht
## 30.12. / 31.12.

**Besonderheiten:**
(z. B. Mondstand in welchem Zeichen …)

**Traumerinnerung – Meditation:**
(z. B. durchgeschlafen; geträumt von … ; in der Meditation … erlebt)

**Tagesqualität:**
(Wetter, Stimmung, Gefühl)

**Tagesorakel:**

..................................................................
..................................................................
..................................................................
..................................................................
..................................................................
..................................................................
..................................................................

**Tagesereignisse:**
(z. B. lange geschlafen, ausgiebig gefrühstückt, ein Bad genommen, Gedanken, Impulse …)

..................................................................
..................................................................
..................................................................
..................................................................
..................................................................
..................................................................
..................................................................

**Menschen, Tiere, Pflanzen, mit denen ich heute in Kontakt war:**
(z. B. heute früh einen Nachbarn getroffen …)

..................................................................................................
..................................................................................................
..................................................................................................
..................................................................................................
..................................................................................................
..................................................................................................

**Zeichen:**
(Post, Symbole, Anrufe, innere Gedanken …)

..................................................................................................
..................................................................................................
..................................................................................................
..................................................................................................
..................................................................................................

**Positive Impulse, negative Impulse:**

..................................................................................................
..................................................................................................
..................................................................................................
..................................................................................................
..................................................................................................

**Samen, den ich heute säe:**

**Sonstiges (Wunder des Tages):**

**7.**

# 8. RAUHNACHT *Impuls*

## 8. Rauhnacht
### 31. Dezember / 1. Januar

Neujahrstag, 1. Januar

Steht für den Monat: **August**

Thema: **Geburt des neuen Jahres**

*Aloha e komo mai.
Heiße das neue Jahr willkommen!*

Um 11 Uhr mitteleuropäischer Zeit rollt unsere Erde in Samoa in das neue Jahr ein, und morgen um 11 Uhr mittags feiert auch Honolulu, Hawaii. Dann ist das neue Jahr endgültig auf dieser Erde eingeläutet. Wir können in jeder Zeitzone mit unseren Seelengeschwistern feiern. Das neue Jahr beginnt im Paradies und kommt im Paradies an, dazwischen gibt es viel zu reinigen und zu erleben. Was möchte man mehr?

In diesem Sinne feiert schön, lasst das alte Jahr gut ausklingen und rutscht gut rüber! Danke für den Segen im alten Jahr!

# Morgen des 1. Januar — Happy New Year

Möge der goldene Segen in das neue Jahr strömen und uns auf Wellen der Liebe, der Zuversicht und Hoffnung in eine neue Ära der Menschheitsgeschichte tragen.

Wellen des Lichtes aus den höchsten Ebenen strömen aus dem All-Raum ein.

Wir begrüßen das neue Jahr. Jeder so, wie er es in sich fühlt.

Ich gehe in die Natur. Ich öffne mein Herz weit für die Liebe zu allem Leben. Licht strömt ein und erfüllt meinen Lichtkörper. Ich verbinde mich mit der Geistigen Welt, sodass sich das Licht um tausend Sonnen verstärkt.

Ich begrüße das neue Jahr auf meine Weise aus ganzem Herzen und heiße es willkommen! E komo mai!

Segen und Verbindung in die sieben Richtungen: Osten, Süden, Norden, Westen, Unten, Mitte, Oben.

Segen für den Weg auf der Erde! Segen für den Raum zwischen Himmel und Erde! Segen in das Herz unseres Universums!

Ich synchronisiere mich mit dem Einheitsfeld und der Energie des neuen Jahres. Verbundenheit und Liebe führen mich gegenwärtig zur rechten Zeit an den richtigen Ort, um das Richtige zu tun.

Ich bin in Stille und empfange aus dem geistigen Raum.

*Mahalo ke akua e komo mai! Aloha*
*Ich folge dem Ruf im Herzen!*

## 8. Rauhnacht
## 31.12. / 1.1.

**Besonderheiten:**
(z. B. Mondstand in welchem Zeichen …)

..................................................
..................................................
..................................................
..................................................
..................................................
..................................................

**Traumerinnerung – Meditation:**
(z. B. unruhig geschlafen, geträumt von … ; in der Meditation … erlebt)

..................................................
..................................................
..................................................
..................................................
..................................................
..................................................
..................................................

**Tagesqualität:**
(Wetter, Stimmung, Gefühl)

..........................................................................................
..........................................................................................
..........................................................................................
..........................................................................................
..........................................................................................

**Tagesorakel:**

..........................................................................................
..........................................................................................
..........................................................................................
..........................................................................................
..........................................................................................
..........................................................................................

**Tagesereignisse:**
(z. B. lange im Bett geblieben, Freunde angerufen, Gedanken, Impulse …)

..........................................................................................
..........................................................................................
..........................................................................................
..........................................................................................
..........................................................................................
..........................................................................................

## 8.

**Menschen, Tiere, Pflanzen, mit denen ich heute in Kontakt war:**
(z. B. am Nachmittag Freunde besucht…)

**Zeichen:**
(Post, Symbole, Anrufe, innere Gedanken …)

**Positive Impulse, negative Impulse:**

**Samen, den ich heute säe:**

**Sonstiges (Wunder des Tages):**

# 9. RAUHNACHT *Impuls*

## Segenslicht

*Mein Herz tauchte einst in die himmlischen Reiche. Als es zurückkam, fragte ich es: »Was bringst du mit, mein Herz?« Es sagte: »Liebe, Segen und Dankbarkeit, denn diese sind im Himmelreich zu Hause.«*

Segne heute alles, was zu deinem Leben gehört: Vergangenheit, Gegenwart und Zukunft. Segne alles, womit du sichtbar und unsichtbar verbunden bist.

Segnen ist eine der heilsamsten Handlungen, die wir ausführen können, um die Energien in die göttliche Matrix zurückzuwandeln.

Weihrauch unterstützt die goldenen Absichten, die Energie zu reinigen und Licht einströmen zu lassen. Nimm dir heute Zeit, zu segnen, den Segen in deinem Leben zu sehen und Segen zu verstärken. Sodass das Licht auf heilsame Weise einströmen kann.

# 9. Rauhnacht
## 1./2. Januar

**2. Januar**
Steht für den Monat: **September**

Namenstag:
**Kenaz – hl. Katharina – Caspar**

Thema: **Gold, Segenslicht**

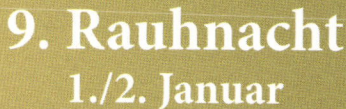

Heute ist der Tag der
*Rune Kenaz,*
die »Fackel« oder das »Licht«.
Im übertragenen Sinne steht
diese Rune für Wissen und Weisheit,
Räuchern und
Segnen mit Weihrauch.

# 9. Rauhnacht
## 1.1. / 2.1.

**Besonderheiten:**
(z. B. Mondstand in welchem Zeichen …)

**Traumerinnerung – Meditation:**
(z. B. unruhig geschlafen, kühl, gefröstelt und gefroren; geträumt von … ; in der Meditation … erlebt)

**Tagesqualität:**
(Wetter, Stimmung, Gefühl)

**Tagesorakel:**

**Tagesereignisse:**
(z. B. aufgestanden, Anruf erhalten, Gedanken, Impulse …)

**Menschen, Tiere, Pflanzen, mit denen ich heute in Kontakt war:**
(z. B. heute einen Waschbären gesehen …)

# 9.

**Zeichen:**
(Post, Symbole, Anrufe, innere Gedanken …)

**Positive Impulse, negative Impulse:**

**Samen, den ich heute säe:**

**Sonstiges (Wunder des Tages):**

# 10. RAUHNACHT *Impuls*

*Bewegung, Entwicklung, Fortschritt, ewiges Leben, einatmend — ausatmend, freudig sich entfaltend*

Energie bewegt sich in Wellen. Setze die Welle in Gang, die du in deinem Leben surfen willst. Wenn eine Welle in Gang gesetzt wird, bewegt sich die Energie von alleine.

Der Ozean ist das Bewusstsein der Fülle. Bewege dich in das Feld der Informationen. Setze die Wellen der Energie für dein Leben frei!

Wenn nicht du, wer dann? Wenn nicht jetzt, wann dann?

Beginne mit der Umsetzung deiner Wünsche. Was ist dein größer Wunsch? Lenke die Energie darauf.

Ich habe den Wunsch (Impuls des Lichtes), zu …
Ich habe die Kraft (Fähigkeit), zu …
Ich habe das Recht (Ich verdiene), zu …
Ich habe den Willen (Ich bin entschlossen), zu …
Ich habe die Liebe (Segen), zu …

Ich bin verbunden mit dem Feld der Liebe und gleiche alles mit dem Gesamten ab, sodass es im Einklang mit allem Leben geschieht. Auf diese Weise verstärken sich die Wellen des Lichtes. Denn ich bin ewig.

*Mahalo ke akua —
Danke, großartige Schöpfung!*

# 10. Rauhnacht
## 2./3. Januar

3. Januar

Steht für den Monat: **Oktober**

Namenstag: **Ehwaz – Ambeth-Margarethe – Melchior**

Thema: **Weihrauch, Visionen, Eingebungen, Verbindung mit dem Göttlichen, Kessel der Fülle, Spirale des Lichtes**

## 10. Rauhnacht
### 2.1. / 3.1.

**Besonderheiten:**
(z. B. Mondstand in welchem Zeichen …)

..................................................................
..................................................................
..................................................................
..................................................................
..................................................................

**Traumerinnerung – Meditation:**
(z. B. gefröstelt und gefroren; geträumt von … ;
in der Meditation … erlebt)

..................................................................
..................................................................
..................................................................
..................................................................
..................................................................

**Tagesqualität:**
(Wetter, Stimmung, Gefühl)

..................................................................
..................................................................
..................................................................
..................................................................
..................................................................

**Tagesorakel:**

........................................................................
........................................................................
........................................................................
........................................................................
........................................................................

**Tagesereignisse:**
(z. B. wichtige Post erhalten, Gedanken, Impulse … )

........................................................................
........................................................................
........................................................................
........................................................................
........................................................................
........................................................................

*10.*

## Menschen, Tiere, Pflanzen, mit denen ich heute in Kontakt war:
(z. B. heute durch einen Tannenwald spaziert … )

..................................................................
..................................................................
..................................................................
..................................................................
..................................................................

## Zeichen:
(Post, Symbole, Anrufe, innere Gedanken …)

..................................................................
..................................................................
..................................................................
..................................................................
..................................................................

# 10.

**Positive Impulse, negative Impulse:**

**Samen, den ich heute säe:**

**Sonstiges (Wunder des Tages):**

# 11. RAUHNACHT *Impuls*

*Gott schütze dein ewiges Leben.*

Auf dieser Ebene hat alles einen Anfang und ein Ende, auf anderen Ebenen sind wir in Form gebrachte Ewigkeit.

Träume, Wünsche und Vorstellungen können platzen. Die Scherben des erträumten Glücks können schmerzen. Welche Themen, welche Personen, geplatzten Träume, unerfüllten Wünsche kann ich jetzt loslassen, um unbeschwert weiterzugehen?

Jetzt ist es Zeit, diese Themen endgültig auf der geistigen Ebene zu verabschieden. Vielleicht gab es Dinge, Ereignisse, Erlebnisse, Träume, Wünsche in der Vergangenheit, die während der Rauhnächte tief in deiner Seele an dir nagten, dich immer noch beschäftigt haben und mit in das neue Jahr gerutscht sind. Jetzt ist der richtige Zeitpunkt, diese endgültig mit einem kleinen Loslassritual zu verabschieden und zu beerdigen.

# 11. Rauhnacht
## 3./4. Januar

4. Januar

Steht für den Monat: **November**

Namenstag: **Berkana – Borbeth – Barbara – Balthasar**

Thema: **Loslassen, Abschied nehmen, Beschäftigung mit dem Tod, Was verabschiede ich jetzt endgültig?**

## Ritual

Lege beide Hände auf die Brustmitte. Spüre in dich hinein. Welche Personen, Wünsche, geplatzten Träume, die dich sowohl körperlich, als auch emotional und geistig belasten, wollen jetzt endgültig losgelassen werden? Spüre die Punkte und Verbindungen in deinem Körper, und bitte darum, dass sie jetzt gelöst und gereinigt werden. Gib ab, und lasse los. Schreibe alles auf Zettel. Nimm sie in die Hand – lege sie auf dein Herz, und atme alles, was du an Schwere, Scherben, Pech und Unglück noch in dir spürst, in die Zettel hinein. Verabschiede dich, und verbrenne das Geschriebene zusammen mit Myrrhe.

Du kannst mit Myrrhe auch deine Räume ausräuchern, mit dem Gedanken, dass sich jetzt alles, was nicht mehr dient, aus allen Räumen lösen kann. Bitte anschließend die Engel aus den höchsten Ebenen um Hilfe, sodass Heilung stattfinden und neue Energie einströmen kann. Schaffe Platz für das Neue! Es gibt noch so viel zu erleben und zu entdecken. Lasse dich nicht aufhalten auf deinem Weg der Selbstverwirklichung!

## 11. Rauhnacht
### 3.1. / 4.1.

**Besonderheiten:**
(z. B. Mondstand in welchem Zeichen …)

..............................................................
..............................................................
..............................................................
..............................................................
..............................................................

**Traumerinnerung – Meditation:**
(z. B. Albtraum gehabt, gefröstelt; geträumt von …;
in der Meditation … erlebt)

..............................................................
..............................................................
..............................................................
..............................................................
..............................................................

**Tagesqualität:**
(Wetter, Stimmung, Gefühl)

..............................................................
..............................................................
..............................................................
..............................................................
..............................................................

**Tagesorakel:**

....................................................................................................
....................................................................................................
....................................................................................................
....................................................................................................
....................................................................................................
....................................................................................................

**Tagesereignisse:**
(z. B. mit dem Rad zur Arbeit gefahren, Gedanken, Impulse …)

....................................................................................................
....................................................................................................
....................................................................................................
....................................................................................................
....................................................................................................
....................................................................................................

**Menschen, Tiere, Pflanzen, mit denen ich heute in Kontakt war:**
(z. B. heute eine neue Kollegin kennengelernt …)

....................................................................................................
....................................................................................................
....................................................................................................
....................................................................................................
....................................................................................................
....................................................................................................

*11.*

**Zeichen:**
(Post, Symbole, Anrufe, innere Gedanken …)

**Positive Impulse, negative Impulse:**

**Samen, den ich heute säe:**

**Sonstiges (Wunder des Tages):**

# 12. RAUHNACHT *Impuls*

## *Uns erwartet eine magische Nacht,*

in der vieles erlebt und gewandelt werden kann. Ein letztes Mal wird das Schicksal betrachtet, entsprechend gehandelt und abgewogen, bevor sich das Tor nun endgültig schließt. Dinge, die in den vergangenen Rauhnächten nicht so gut gelaufen sind, können gewandelt werden. (Siehe 5. Rauhnacht.)

Stelle eine Kleinigkeit für die Naturwesen nach draußen. Wasser, Obst, Brot, Körner ... Öffne um Mitternacht das Fenster, und lasse den Wind dein Haus segnen. Betrachte den Sternenglanz, und fühle, dass wir nicht alleine sind.

Spüre die Verbundenheit mit deiner Seelenfamilie rund um die Erde und mit dem Allraum – weiter, größer, tiefer, liebender, umfassender als alles, was wir hier erleben. Verbinde dich mit dem Herz unserer Galaxie. Tanze mit dem Wind, singe mit den Engeln, höre den Bäumen zu, lausche dem Gesang der Pflanzen. Streichele die Haut von Mutter Erde. Segne sie mit jedem deiner Schritte. Spüre die Herzen, die gemeinsam in einem Ozean schlagen. Höre das gemächliche, gleichmäßige Brummen in den Steinen. Reiche deinen Mitmenschen die Hände, wo immer es dir möglich ist. Vergib, bereinige, lasse los, und surfe im freien Feld der unbegrenzten Möglichkeiten. Eine feine, zarte Substanz durchzieht alles Leben und lenkt die Schritte auf unerklärliche Weise aus dem Herzen. Jeder Meister und jede Meisterin ist

# 12. Rauhnacht

## 4./5. Januar

**5. Januar**

»Die Nacht der Wunder«, »Hollanacht«, »Perchtnacht«, »Heilige drei Madl«, »Dreikönigsnacht«

Steht für den Monat: **Dezember**
Thema: **Räuchern und bereinigen**

*12.*

diesem lebendigen, von sich aus intelligenten, in perfekter Harmonie und Vollkommenheit wirkenden allumfassenden liebenden Geist gefolgt. Wir wurden geboren, um die Natur Gottes zu offenbaren. Liebe und Friedfertigkeit öffnen die verborgenen Türen in das Paradies, das überall noch hervorblitzt, zu anderen Reichen, zu einem unermesslichen Wissensschatz, der aus der allumfassenden Weisheit strömt und in jedem Grashalm, in jedem Kristall und in jedem Stein niedergeschrieben ist. Wer Ohren hat, der höre. Wer Augen hat, der sehe. Im Erwachen bleibt nichts verborgen. Wir sehen alles, ob wir es wollen oder nicht und wissen augenblicklich um die Wahrheit. Jeder von uns ist in der Lage, diese Welt lichtvoll zu verändern. Jeder von uns kann einen Unterschied machen.

Du bist freier, als du denkst, der Raum ist weiter und leerer, als du es dir in deinen kühnsten Träumen ausmalen kannst. Schaue dir selbst jeden Tag in die Augen, verbinde dich mit der Ewigkeit, und tue, was du vor deinem Selbst, der göttlichen Essenz in dir, wahrhaft vertreten kannst.

Nun schließen sich die Tore.

> »Die lichtvolle, strahlende Präsenz in der Gegenwart ist das Ende der Zeit. Das Paradies ist immer noch am Werden, eine blühende Zukunft für uns und unseren Planeten ist möglich.«

## 12.

# 12. Rauhnacht
## 4.1. / 5.1.

**Besonderheiten:**
(z. B. Mondstand in welchem Zeichen …)

**Traumerinnerung – Meditation:**
(z. B. gut geschlafen, geträumt von …; in der Meditation … erlebt)

**Tagesqualität:**
(Wetter, Stimmung, Gefühl)

## Tagesorakel:

..................................................................
..................................................................
..................................................................
..................................................................
..................................................................
..................................................................

## Tagesereignisse:
(z. B. Geschenk bekommen, Gedanken, Impulse …)

..................................................................
..................................................................
..................................................................
..................................................................
..................................................................
..................................................................

## Menschen, Tiere, Pflanzen, mit denen ich heute in Kontakt war:
(z. B. heute einen Specht gesehen …)

..................................................................
..................................................................
..................................................................
..................................................................
..................................................................
..................................................................
..................................................................

## 12.

**Zeichen:**
(Symbole, Anrufe, innere Gedanken …)

**Positive Impulse, negative Impulse:**

**Samen, den ich heute säe:**

**Sonstiges (Wunder des Tages):**

# Abschluss und Ausklang des Torweges

*Fasse auf dieser Seite deine Rauhnächte abschließend zusammen, und formuliere dein Jahresmotto:*

Worum geht es in diesem Jahr für mich?

..................................................................................................................
..................................................................................................................
..................................................................................................................
..................................................................................................................
..................................................................................................................
..................................................................................................................
..................................................................................................................
..................................................................................................................

Mein Jahresmotto für das Jahr ........................... ist:

..................................................................................................................
..................................................................................................................
..................................................................................................................
..................................................................................................................
..................................................................................................................
..................................................................................................................
..................................................................................................................

*Lasse noch einmal den Segen in alle Monate hineinströmen, und schließe dann dieses Büchlein.*

Du kannst dieses Buch zur Reflexion am Ende des Jahres in den Weihe-Nächten hervorholen, um zu schauen, welche Ereignisse eingetroffen sind, welche nicht, was sich verändert hat … So kannst du dich auf das kommende Jahr von Neuem einstimmen.

Falls du Wunder erlebt hast, würde ich mich freuen, wenn du mir diese zusendest *(www.shantila.de)*, denn letztlich zählen die gelebten Erfahrungen.

# WEITERE RAUHNÄCHTE
## im Jahr

30.4./1.5. Walpurgisnacht

31.10./1.11. Halloween

1.11./2.11. Allerheiligen/Allerseelen

2.11./3.11. Hubertusnacht

29.11./30.11. Andreasnacht

5.12./6.12. Nikolausnacht

*Im Folgenden findest du Platz für weitere Notizen zu den anderen Rauhnächten:*

# Walpurgisnacht 30.4./1.5.

*Walpurgisnachtimpuls*

### DIE NACHT DES ERBLÜHENS UND DER FRUCHTBARKEIT – NACHT DER WANDLUNG

Traditionell beginnt die Walpurgisnacht am 30. April und geht in den 1. Mai hinein. Die Heilige Walburga war eine Äbtissin aus England (710–779), deren Gedenktag am 1. Mai gefeiert wurde. Die Heilige Walburga wurde bei Pest, Husten, Seuchen und Tollwut angerufen. Sie reinigt und erhöht das heilige, lebensspendende Feuer der Liebe. Ursprünglich war diese Nacht eine Nacht der Erde, der Heiligkeit und der Zeugung. Der Maibaum und der Ring um den Baum symbolisieren die Vereinigung der Geschlechter – der Baum das männliche Geschlecht, der Ring das weibliche Geschlecht. Gefeiert wurde der Zeugungsakt, der sich zu dieser Jahreszeit in der Natur vollzieht sowie die Liebe zwischen Frauen und Männern. Die Walpurgisnacht war die Nacht der Liebe, der Zeugung und der Fruchtbarkeit. Noch heute gibt es unzählige Bräuche, die diese Nacht begleiten.

* Welche Samen, in Form von Projekten und Ideen, wollen jetzt gesät werden, damit sie in der Welt keimen und erblühen können?
* Wovon kann ich mich lösen? Wovon sollte ich mich reinigen?
* Woran kann ich mich noch enger binden?

# *Nimm dir Zeit*

für diese Fragen, schreibe alles auf, und segne in dieser Nacht deine Projekte, Ideen, Visionen und Wünsche, damit sie befruchtet werden und sich in deinem Leben zeigen. Baue deine Merkaba, dein Lichtfeld auf, und bringe dich in die Balance und die Vereinigung mit den weiblichen und männlichen Prinzipien. Heute ist die Nacht der Zeugungskraft und des Erwachens. Beginne, deine Visionen aktiv in die Tat umzusetzen.

*Achte auf die Zeichen in der Nacht und bei Tag.*

**Besonderheiten:** (z. B. Mondstand in welchem Zeichen …)

**Traumerinnerung – Meditation:**
(z. B. unruhig geschlafen, gefroren, geträumt von …;
in der Meditation … erlebt)

**Tagesqualität:** (Wetter, Stimmung, Gefühl)
...........................................................................................................
...........................................................................................................
...........................................................................................................
...........................................................................................................
...........................................................................................................

**Tagesorakel:**
...........................................................................................................
...........................................................................................................
...........................................................................................................
...........................................................................................................
...........................................................................................................

**Tagesereignisse:** (Gedanken, Impulse …)
...........................................................................................................
...........................................................................................................
...........................................................................................................
...........................................................................................................
...........................................................................................................

**Menschen, Tiere, Pflanzen, mit denen ich heute in Kontakt war:**
(z. B. heute einen blühenden Kirschbaum bewundert …)
...........................................................................................................
...........................................................................................................
...........................................................................................................
...........................................................................................................

**Zeichen:** (Post, Symbole, Anrufe, innere Gedanken …)
................................................................
................................................................
................................................................
................................................................
................................................................

**Positive Impulse, negative Impulse:**
................................................................
................................................................
................................................................
................................................................
................................................................

**Samen, den ich heute säe:**
................................................................
................................................................
................................................................
................................................................

**Sonstiges (Wunder des Tages):**
................................................................
................................................................
................................................................
................................................................
................................................................

# Halloween 31.10./1.11.

*Halloweenimpuls*

### TOTENREICH, ZWISCHENREICH UND GEISTER

Halloween ist der Abend vor Allerheiligen. Themen sind: die Befreiung armer Seelen aus dem Fegefeuer – Fürbitte, Segen, Erlösung. Halloween gilt als Unruhenacht, in der die verborgenen Schatten, die unterdrückte Seite in uns, Raum bekommen und alles, was noch nicht im Licht ist, gesehen und erlöst werden kann. Halloween ist die Nacht, in der endgültig die dunkle Zeit anbricht. Wir wechseln vom aktiven in den passiven Zustand, von draußen nach drinnen, vom Tag zur Nacht, vom Leben zum Tod. Früher gab es an diesem Tag vielerorts Schlachtfeste. In dieser Nacht kann man Geister sehen, unerlöste Energien und altes Karma der Ahnenlinien, und sie über das heilige Feuer in das Licht begleiten. Man mischt sich unter die Geister, um mit ihnen in Verbindung zu treten und um in das Geflecht des Lebens zu schauen. Damit man von den Geistern nicht als Mensch erkannt wird, trägt man in dieser Nacht eine gruselige Maske oder eine Verkleidung. In alten Zeiten symbolisierte das Halloweenwochenende den inoffiziellen Jahresbeginn des neuen Jahres. Im Verborgenen, in der Dunkelheit offenbart sich uns für einen Moment, was uns im neuen Jahr erwartet, was erlöst und was mitgenommen wird. Achte ganz besonders auf die Zeichen und die globalen Geschehnisse an diesem Tag und in der Nacht.

* Orakelnacht
* Achte auf deine Träume.
* Um böse Geister abzuwehren, schnitt man früher und schneidet man noch heute Fratzen in Kürbisse.

## Besonderheiten:
(z. B. Mondstand in welchem Zeichen …)

## Traumerinnerung – Meditation:
(z. B. unruhig geschlafen, geschwitzt, geträumt von …;
in der Meditation … erlebt)

## Tagesqualität:
(Wetter, Stimmung, Gefühl)

**Tagesorakel:**

**Tagesereignisse:**
(z. B. eine freudige Nachricht erhalten, Gedanken, Impulse …)

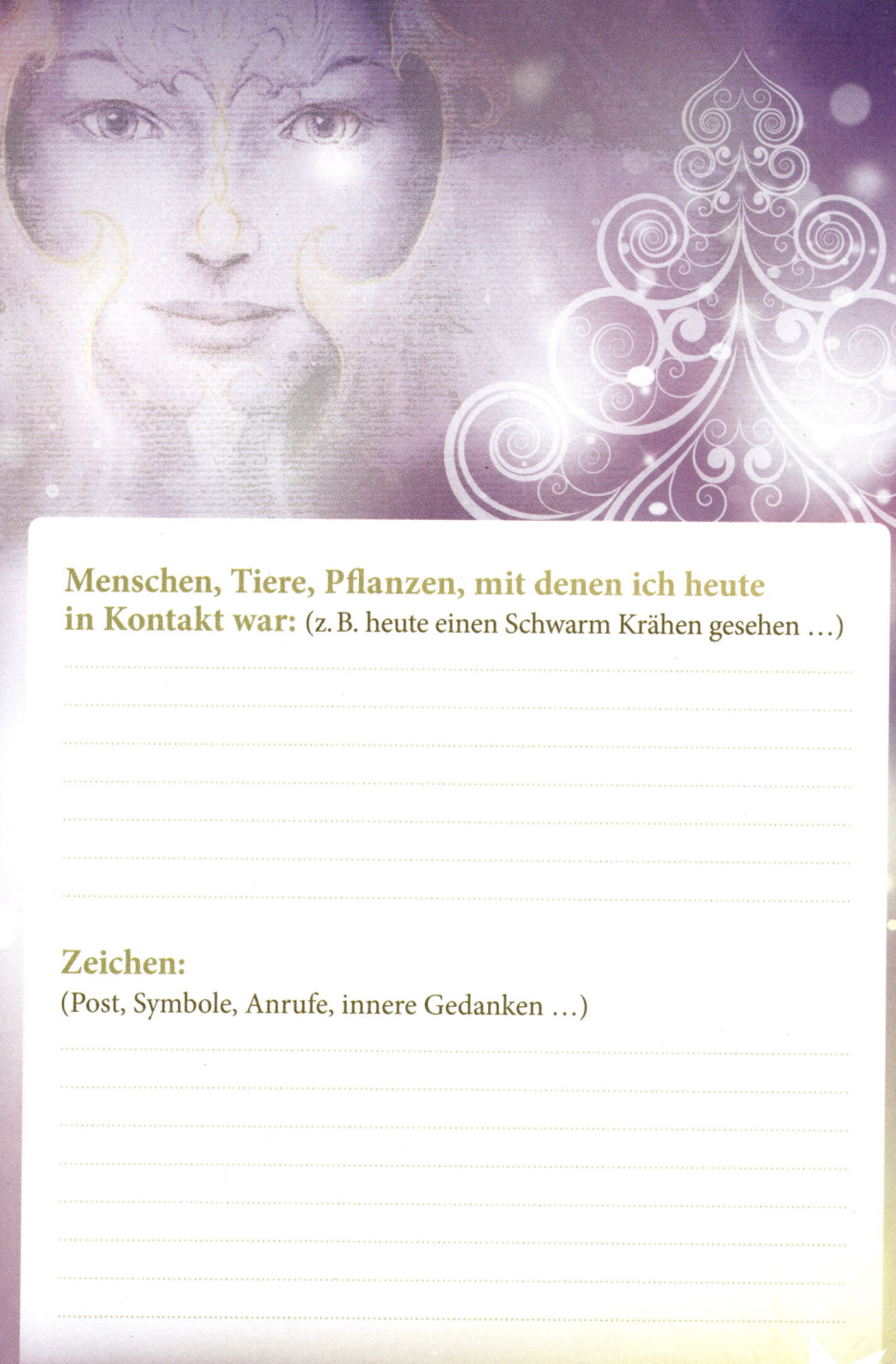

**Menschen, Tiere, Pflanzen, mit denen ich heute in Kontakt war:** (z. B. heute einen Schwarm Krähen gesehen …)

**Zeichen:**
(Post, Symbole, Anrufe, innere Gedanken …)

**Positive Impulse, negative Impulse:**

**Samen, den ich heute säe:**

**Sonstiges (Wunder des Tages):**

# Allerheiligen/Allerseelen 1.11./2.11.

*Allerheiligen-/Allerseelenimpuls*

### HEILIGE

Verbinde dich mit den heiligen Männern und Frauen dieser Welt. Bedanke dich für ihre Begleitung, ihren Schutz und ihre Führung, die sie dir von der anderen Seite aus bieten.

Frage, welche Heiligen dich in dem kommenden Jahr begleiten werden. Jeder Heilige, jede Heilige ist mit einer anderen Frequenz verbunden. Du kannst Blumen, Kerzen und ein Heiligenbild aufstellen, um dich intensiver mit der Heiligen oder dem Heiligen zu verbinden, und um eine Botschaft, einen Segen oder einen Traum bitten.

### AHNEN

*»Ich segne euch, die ihr vor mir gekommen seid und meinen Weg geebnet habt.«*

Verbinde dich mit deinen Ahnen, mit Menschen, die vor dir gegangen sind. Das Wort »Ahn« erinnert an den Begriff »Ahnung«. In alten Zeiten haben sich die Menschen an ihre Ahnen gewandt, da diese über ihre Linien wachten und sie in allen Belangen unterstützten. Denken wir an das Aschenputtel, das vom Grab seiner Mutter, von einem dort gepflanzten Haselzweig, jede Unterstützung erhält, damit es hier auf der Erde Glück erfahren kann.

Gehe an einen Ort auf der äußeren oder auf der inneren Ebene, an dem du dich mit deinen Ahnen verbindest. Entzünde ein Licht, und lausche den Botschaften, die sie dir von der anderen Seite aus senden. Das Band der Liebe ist unsterblich. Notiere, was du empfangen hast. Segne deine Ahnen, und danke ihnen. Segne das Potenzial, das in dir schlummert. Jetzt ist auch ein guter Zeitpunkt, um Angelegenheiten mit den Ahnen zu bereinigen, zu klären, zu vergeben und Gnade einströmen zu lassen.

*Alles, was du in dieser besonderen Rauhnacht erfährst, hat etwas mit dem neuen Jahr zu tun.*

**Besonderheiten:** (z. B. Mondstand in welchem Zeichen …)

..................................................................................
..................................................................................
..................................................................................
..................................................................................
..................................................................................

**Traumerinnerung – Meditation:**
(z. B. ausgeschlafen, geträumt von …; in der Meditation … erlebt)

..................................................................................
..................................................................................
..................................................................................
..................................................................................
..................................................................................

**Tagesqualität:** (Wetter, Stimmung, Gefühl)

........................................................................................
........................................................................................
........................................................................................
........................................................................................

**Tagesorakel:**

........................................................................................
........................................................................................
........................................................................................
........................................................................................

**Tagesereignisse:** (z. B. eine Runde gelaufen, Gedanken, Impulse …)

........................................................................................
........................................................................................
........................................................................................
........................................................................................

**Menschen, Tiere, Pflanzen, mit denen ich heute in Kontakt war:** (z. B. heute mehrere Hasen gesehen …)

........................................................................................
........................................................................................
........................................................................................
........................................................................................

**Zeichen:** (Post, Symbole, Anrufe, innere Gedanken …)
.................................................................................................
.................................................................................................
.................................................................................................
.................................................................................................
.................................................................................................

**Positive Impulse, negative Impulse:**
.................................................................................................
.................................................................................................
.................................................................................................
.................................................................................................
.................................................................................................

**Samen, den ich heute säe:**
.................................................................................................
.................................................................................................
.................................................................................................
.................................................................................................
.................................................................................................

**Sonstiges (Wunder des Tages):**
.................................................................................................
.................................................................................................
.................................................................................................
.................................................................................................
.................................................................................................

# Hubertusnacht 2.11./3.11.

*Hubertusnachtimpuls*

*Bringt Hubertus Schnee und Eis,
bleibt's den ganzen November weiß.*

Der Heilige Hubertus wurde am 3. November gefeiert. Er war ein Priester, der nach seiner Weihe als Einsiedler im Wald lebte und sich durch die Jagd ernährte. Er ist der Schutzheilige der Jäger, Förster und Waldarbeiter und wird meist mit Hund und Hirsch dargestellt. Sein Erscheinen kündigte Wunder an.

Am Hubertustag wurden früher Brot, Salz und Wasser geweiht. Bauern mischten das gesegnete Brot unters Viehfutter. Manche Menschen nähten das Brot in ihre Kleider ein, das sollte, so ein Aberglaube, vor den Bissen tollwütiger Tiere, vor Ratten- und Schlangenbissen schützen. Später kamen die sogenannten »Hubertus-Riemchen« auf, ein Bändchen im Knopfloch, das vor wütenden Hunden schützt. In manchen Gegenden hat sich zudem die Tradition der Hubertusbrötchen gehalten. In der Eifel und in Belgien werden sie heutzutage noch immer gebacken.

Die Nacht vom 2. auf den 3.11. ist eine Nacht der Wunder, eine Orakel- und Wetternacht. Lade den Segen, das Glück und den göttlichen Schutz ein. Achte auf Träume, Zeichen und das Orakel in dieser Nacht und am 3. November.

**Besonderheiten:** (z. B. Mondstand in welchem Zeichen …)
..............................................................................
..............................................................................
..............................................................................
..............................................................................
..............................................................................

**Traumerinnerung – Meditation:**
(z. B. unruhig geschlafen, gefröstelt und gefroren, geträumt von …; in der Meditation … erlebt)
..............................................................................
..............................................................................
..............................................................................
..............................................................................
..............................................................................

**Tagesqualität:** (Wetter, Stimmung, Gefühl)
..............................................................................
..............................................................................
..............................................................................
..............................................................................
..............................................................................

**Tagesorakel:**

........................................................................................
........................................................................................
........................................................................................
........................................................................................
........................................................................................

**Tagesereignisse:** (z. B. mit der Bahn gefahren, Gedanken, Impulse …)

........................................................................................
........................................................................................
........................................................................................
........................................................................................
........................................................................................

**Menschen, Tiere, Pflanzen, mit denen ich heute in Kontakt war:** (z. B. heute einen Marder beobachtet …)

........................................................................................
........................................................................................
........................................................................................
........................................................................................
........................................................................................

**Zeichen:** (Post, Symbole, Anrufe, innere Gedanken …)

........................................................................................
........................................................................................
........................................................................................
........................................................................................
........................................................................................

**Positive Impulse, negative Impulse:**

**Samen, den ich heute säe:**

**Sonstiges (Wunder des Tages):**

# Andreasnacht 29.11./30.11.

*Andreasnachtimpuls*

### Die Träume der Liebe wahr werden lassen

Der 30. November ist der Todestag des Heiligen Andreas. Die Andreasnacht ist eine sogenannte Losnacht. Der Heilige Andreas ist der Schutzheilige der Liebenden, der Ehe und der Fischer. In dieser Nacht kann man dem Geliebten begegnen, Bindungen festigen, Bindungen lösen und zukünftige Bindungen knüpfen. Viele Bräuche und Riten, die mit dieser Nacht in Verbindung gebracht werden, dienen dem Liebesorakel und dem Liebeszauber.

In alten Zeiten sammelte man Apfel-, Kirsch-, Kastanien-, Weiden- oder Fliederzweige, um den Frühling der Liebe in das Haus zu holen und die Bündnisse der Liebe zu erneuern.

Die Andreasnacht ist eine gute Nacht, um Verbindungen zu lösen, Plätze zu reinigen, bestehende Liebesbindungen zu stärken und zukünftige Bindungen zu knüpfen.

* Welche Verbindungen möchten gelöst werden?
* Welche bestehenden Verbindungen können gestärkt, geheilt, gereinigt und neu ausgerichtet werden?
* Welche zukünftigen Verbindungen können in dieser Nacht geknüpft werden?

Nimm dir Zeit, um über die Liebe und die Liebesverbindungen zu meditieren. Löse, reinige, stärke, knüpfe die Liebesbindungen, und segne sie.

Achte auf die Träume und Zeichen, die Gedanken und Impulse an diesem Tag und in dieser Nacht.

**Besonderheiten:**
(z. B. Mondstand in welchem Zeichen …)

...................................................................
...................................................................
...................................................................
...................................................................
...................................................................
...................................................................

**Traumerinnerung – Meditation:**
(z. B. gut geschlafen, geträumt von …; in der Meditation … erlebt)

...................................................................
...................................................................
...................................................................
...................................................................
...................................................................
...................................................................

**Tagesqualität:** (Wetter, Stimmung, Gefühl)

...................................................................
...................................................................
...................................................................
...................................................................
...................................................................
...................................................................

**Tagesorakel:**

**Tagesereignisse:**
(z. B. ausgeschlafen, gemütlich gefrühstückt, Gedanken, Impulse …)

**Menschen, Tiere, Pflanzen, mit denen ich heute in Kontakt war:** (z. B. heute ein Reh gesehen …)

**Zeichen:** (Post, Symbole, Anrufe, innere Gedanken …)

............................................................................
............................................................................
............................................................................
............................................................................
............................................................................

**Positive Impulse, negative Impulse:**

............................................................................
............................................................................
............................................................................
............................................................................
............................................................................

**Samen, den ich heute säe:**

............................................................................
............................................................................
............................................................................
............................................................................
............................................................................

**Sonstiges (Wunder des Tages):**

............................................................................
............................................................................
............................................................................
............................................................................
............................................................................

# Nikolausnacht 5.12./6.12.

*Nikolausnachtimpuls*

## KARMISCHER RAT – KARMA ODER DHARMA – DIE NACHT DES AUSGLEICHS

Die Nacht vom 5.12. auf den 6.12. ist die Nikolausnacht. Der 6. Dezember ist der Gedenktag des Heiligen Nikolaus von Myra. Es gibt zahlreiche Bräuche rund um diese Nacht und diesen Tag.

Tue heute eine gute Tat. Bereite jemandem eine Freude, ohne dass er von dir weiß – ganz selbstlos und aus Liebe.

Achte auf Zeichen und Ankündigungen. Alles, was in dieser Nacht und an diesem Tag geschieht, hat etwas mit deiner Aufgabe, mit Herausforderungen und dem Segen im neuen Jahr zu tun.

**Besonderheiten:**
(z. B. Mondstand in welchem Zeichen …)

.................................................................................................
.................................................................................................
.................................................................................................
.................................................................................................

**Traumerinnerung – Meditation:**
(z. B. sehr gut geschlafen, geträumt von …; in der Meditation … erlebt)

.................................................................................................
.................................................................................................
.................................................................................................
.................................................................................................
.................................................................................................

**Tagesqualität:** (Wetter, Stimmung, Gefühl)

.................................................................................................
.................................................................................................
.................................................................................................
.................................................................................................
.................................................................................................

**Tagesorakel:**
.................................................................................
.................................................................................
.................................................................................
.................................................................................
.................................................................................
.................................................................................

**Tagesereignisse:**
(z. B. aufgestanden, ein Bad genommen, Gedanken, Impulse …)
.................................................................................
.................................................................................
.................................................................................
.................................................................................
.................................................................................
.................................................................................

**Menschen, Tiere, Pflanzen, mit denen ich heute in Kontakt war:** (z. B. heute die Familie besucht …)

..................................................................
..................................................................
..................................................................
..................................................................
..................................................................
..................................................................

**Zeichen:** (Post, Symbole, Anrufe, innere Gedanken …)

..................................................................
..................................................................
..................................................................
..................................................................
..................................................................
..................................................................

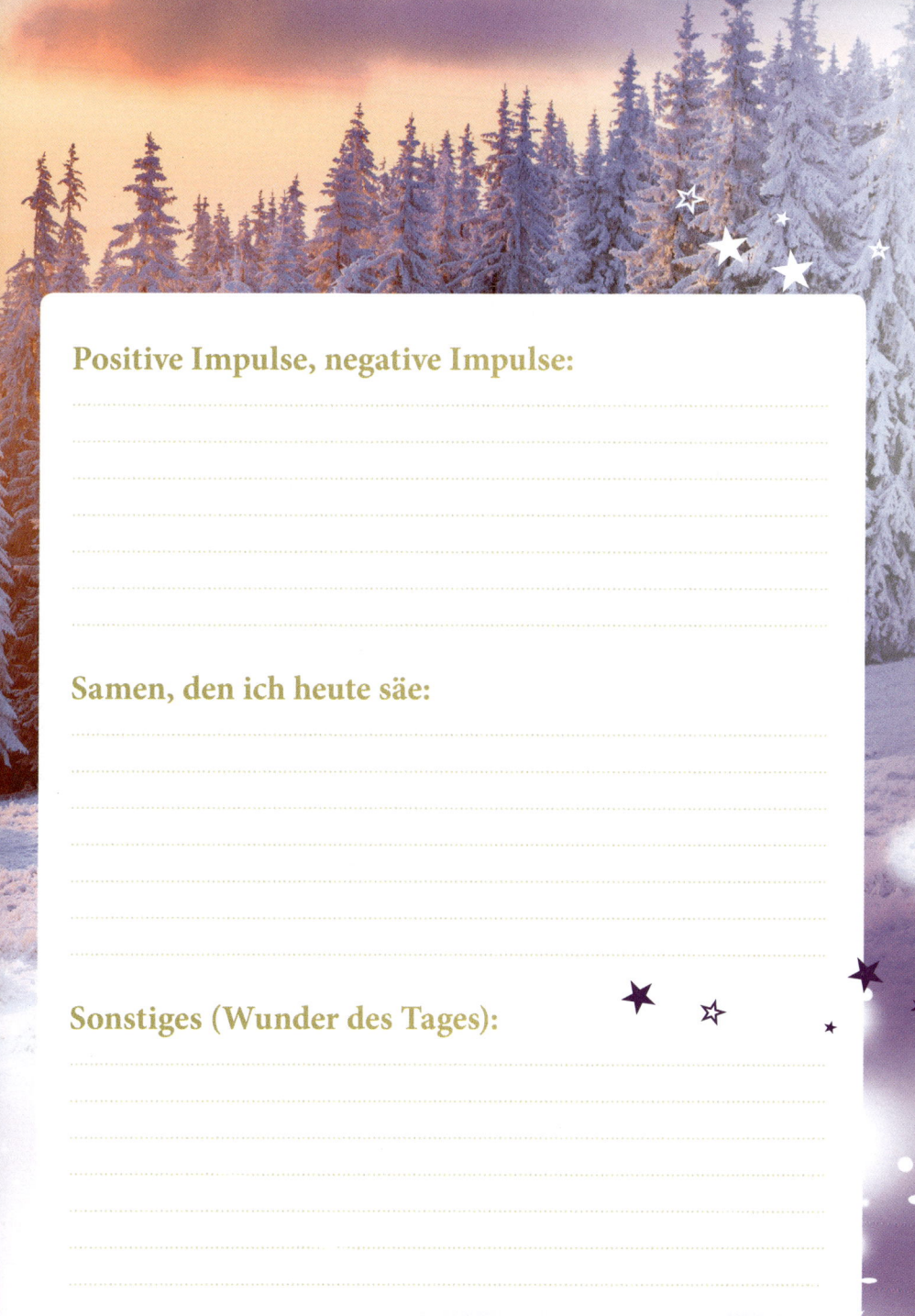

**Positive Impulse, negative Impulse:**

**Samen, den ich heute säe:**

**Sonstiges (Wunder des Tages):**

# ABSCHLUSS
## und Ausklang

## Zusammenfassung zu den Rauhnächten

*Jede Schöpfung im großen Universum entsteht durch einen kosmischen Klang, einen Gedanken und ein Gefühl und hat weitaus mehr Kraft, als du es dir vorstellen kannst – ja, er hallt unendliche Male wieder in den Hallen der Ewigkeit.*

In den Rauhnächten können wir verstärkt das universale Meer des Lichts erfahren, die Einheit allen Lebens, an das wir angeschlossen sind und aus dem alles Leben entsteht. Jeder Wandlungsprozess geschieht zuerst in den inneren Ebenen, bevor er sich im Außen manifestiert. Wir sind reines Bewusstsein, das sich in unendlichen Variationen in einer unbeschreiblichen Vielfalt auf allen Gebieten immer wieder neu erschafft. Mensch sein bedeutet, schöpferisch tätig zu sein. Wir können nicht *nicht* schöpfen, da wir dies mit jedem Gedanken, Gefühl und Ausdruck bereits tun. In der bewussten Annahme und in Ermächtigung der schöpferischen Kräfte können wir ein neues Bewusstsein des Friedens kreativ erträumen. Wir können Spuren des Lichts hinterlassen, wenn wir den Weg unseres Herzens gehen und das universelle Licht in uns verstärken.

In den Rauhnächten stehen die Türen in alle Ebenen offen. Jeder Einzelne ist gefragt, diese Zeit an der Schwelle eines neuen Zeitalters mitzugestalten und die Kräfte der höchsten Dimensionen einströmen zu lassen. In dieser Zeit stehen die ältesten Lichtbrennpunk-

te offen, die geistigen Hierarchien der Aufgestiegenen Meister sind bereit, der karmische Rat steht offen, Engel und Lichtwesen führen uns in dieser Zeit, damit wir den Plan, der in uns angelegt ist, zur Erfüllung bringen können. Wir können alte Muster wandeln, neue eingeben und uns von begrenzten Vorstellungen, veralteten Überzeugungen und karmischen Knoten lösen. Wir können tief blicken in das Gewebe des Lebens. Vieles in dieser Zeit bleibt nicht im Tagesbewusstsein haften. Wenn die entsprechenden Ereignisse eintreten, werden wir jedoch aus unserer Intuition heraus richtig handeln.

Die Rauhnächte stärken unsere Intuition, ermächtigen uns bewusst, unsere Schöpferkraft einzusetzen, um Gutes zu bewirken, und stärken die geistige Führung durch das neue Jahr. Wir können Ideen, neue Ideale, Muster und Pläne zum Segen der Menschheit und des Gesamten mit in das Gewebe des Lebens hineingeben.

Den Torweg der Rauhnächte bewusst zu durchschreiten, ist wahrlich eine ungewöhnliche und magische Erfahrung, die sich im kommenden Jahr bemerkbar macht.

## Wunder der Rauhnächte – Erfahrungsberichte

In meinen mittlerweile über 20 Jahren Rauhnachterfahrung habe ich viele eigene kostbare Erfahrungen machen dürfen und habe Erlebnisse anderer Personen im Vertrauen erzählt bekommen. Es sind die heiligen, heilenden Geschichten, die das Leben schreibt.

Ein paar Beispiele möchte ich hier wiedergeben, um einen spannenden Einblick in die vielfältige Wirkungsweise der Rauhnächte zu geben. In diesen Berichten werden keine Namen genannt, da die Personen zwar ihr Einverständnis gegeben haben, aber nicht genannt werden möchten.

Rauhnachterlebnisse haben eine eigene tiefe Wirkungsweise, über die man gerne in vertrauten Kreisen erzählt, die man aber selten der Öffentlichkeit preisgibt, da sie etwas zutiefst Intimes, Persönliches, Kostbares und sehr Heiliges in sich tragen, das aus der Tiefe der zarten, hochsensiblen Seele stammt. Diese entzieht sich der alltäglichen Wirklichkeit gerne und will nicht wissenschaftlich oder nachweislich erklärt, kategorisiert, eingeordnet oder zerredet werden, sondern so angenommen sein, wie sie sich offenbart.

Es ist ein eher ganzheitliches Erfassen aus einer Welt, in der unsere Seele zu Hause ist, in der Magie wirklich ist und Wunder geschehen. In der jedes Wort eine Form hervorbringt, aus der Wirklichkeit gewoben werden kann. In der wir unsere schöpferischen Kräfte erleben und damit die Kraft des Lichtes in uns direkt erfahren. Zwischen Himmel und Erde gibt es viel mehr, als wir es je erahnen. Dies wird oft in Bildern, Gefühlen, Ahnungen und Träumen übermittelt und übertragen und ist aus einem feinen Lichtstoff gewebt, der sich schnell aufzulösen vermag oder gehütet und gehalten in die Manifestation geht.

Oft genug haben wir in der Vergangenheit Hohn, Spott und Strafe erfahren, wenn wir diese heiligen, intimen Erfahrungen preisgegeben haben, da viele Menschen sich vor dem Unerklärlichen und Unbegreiflichen, ja, vor dem Mysterium des Lebens fürchten. Dieses Feld kann nicht kontrolliert werden, doch wir können beginnen, der Liebe zu vertrauen und uns ihr hinzugeben.

**Hier nun ein paar kleine Einblicke durch die Fenster der Seele**

## Die Jahressegnung

Wir haben in den Rauhnächten das Jahr Monat für Monat gesegnet. Wir stellten uns dazu vor, dass die Engel uns eine Segenskugel für jeden Monat gaben, die wir in den jeweiligen Monat hineinfließen ließen.

Eine Frau in der Gruppe erhielt in ihrer Vorstellung eine wunderschöne orangefarbene Kugel von ihren Engeln. Als sie diese annahm, zerbrach die Kugel in ihrer Vorstellung in ihrer Hand. Sie versuchte es erneut, und es passierte wieder. So schlossen wir uns zusammen, um für sie in diesem Monat die Energie zu halten. Es gelang nach einiger Zeit.

Das Jahr begann, die Ereignisse der Rauhnächte gerieten in Vergessenheit. Ende März kam ein Anruf von eben dieser Frau. Sie bedankte sich von ganzem Herzen für die Jahressegnung und lud uns alle zu sich ein. Sie erzählte Folgendes: Sie hatte einen schweren Autounfall. Das Auto war zwischen zwei Lastern eingequetscht worden und erlitt einen Totalschaden, sie aber überlebte völlig unbeschadet, die Polizei hielt dies für ein echtes Wunder. Wir feierten ihre Neugeburt. Sie schlug erfolgreich völlig neue Wege ein. Sie hatte Mut und Vertrauen zu sich selbst gefunden.

## Die Gerichtsverhandlung

Eine Frau hatte eine Gerichtsverhandlung vor sich, in der sie ungerechtfertigterweise angeklagt wurde, was sie maßlos erregte. In der Nacht der unschuldigen Kinder arbeitete sie intensiv mit diesem Thema, mit Vergebung, Gnade und der Violetten Flamme der Transformation, in die sie all die Gefühle, die in ihr wirkten, hineingab. Sie bat um einen Traum. Sie träumte in dieser Nacht ganz deutlich von einer Hand mit dem Zeigefinger vor dem Mund und einem friedlichen Gesichtsausdruck.

Die Botschaft war: Schweige, alles ist gesagt. Als die Verhandlung im kommenden Jahr lief, musste sie nichts machen. Sie hielt sich komplett zurück, die Gegenseite hingegen redete sich immer mehr in Rage und verstrickte sich in Widersprüche. Die Frau wurde in erster und zweiter Instanz freigesprochen. Sie war dankbar für diesen sehr klaren und deutlichen Hinweis in den Rauhnächten.

## Die Heilung

Ein Mann war erkrankt und bekam die Prognose, dass er diese Krankheit nicht überleben werde. In den Rauhnächten wollte er wissen, was ihn im kommenden Jahr erwartete. Er wirkte intensiv mit Erzengel Raphael, Gebeten und der Violetten Flamme.

In der siebten Rauhnacht erlebte er ein echtes Erleuchtungserlebnis. Zuerst träumte er von einer alten Zeit, den Druiden und einem weißen Hirsch, dann von Verfolgung, Krieg und von Folter, einem Vertrag und schließlich von seinem Tod. In diesem Traum wachte er plötzlich mit Erzengel Raphael auf, und Raphael wies ihn an, den Albtraum sofort anzuhalten. Es war ein Traum im Traum. Erzengel Raphael ging rückwärts mit ihm durch die Stationen des Traumes und sammelte die gesamte verstreute Seelenkraft ein. Zuerst wurden die Siegel des Todes entfernt, dann der Vertrag aufgelöst und diejenigen, die mit in den Vertrag eingewoben waren, wurden entlassen. In der Folterszene wurde er Stück für Stück zusammengesetzt, danach holte er sich in der Verhandlung seine geweihten Gegenstände zurück, Stab, Umhang … und erwachte schließlich im Traum als Drui-

de mit erstaunlichem Wissen und heilerischen Fähigkeiten, hellwach und kerngesund. Licht durchströmte ihn, der Hirsch sandte ihm dieses weiße Licht, das ihn zuerst blendete und dann erfüllte.

Er fühlte sich geheilt und zurückgeführt in seine seelische Ursprungskraft.

In der folgenden Nacht wurde er in seine alten Kreise aufgenommen und freudig begrüßt. Alles in den Träumen der Rauhnächte wirkte so echt und lebendig wie im realen Leben. Er hatte Zugang gefunden zu dem Geheimnis der Rauhnächte und der Kraft der Träume.

Im darauffolgenden Jahr begann er, seinen Seelenweg mit Zuversicht zu gehen. Die Ereignisse der Rauhnächte hatten viel Kraft in ihm freigesetzt. Er setze verschiedene Medikamente ab, meditierte, achtete auf seine Eingebungen, wurde auf alternative Wege geführt, machte sich auf die Reise zu dem Platz, den er im Traum gesehen hatte, lernte eine Heilerin kennen, die ihn unterstützte, und wurde im siebten Monat schließlich ganz gesund. Er ließ sich röntgen ohne Befund – die Ärzte konnten sich dies nicht erklären. Er begann, sich intensiv mit alternativen Heilmethoden zu beschäftigen und fand seine Seelenbestimmung. Gesund und vital.

## Samen säen

Eine Frau nutzte die Rauhnächte, um die Samen für das kommende Jahr zu säen und bestimmte Projekte zu verwirklichen. Der Großteil ihrer Wünsche verwirklichte sich fast wie von alleine. Die richtigen Projekte wurden ihr zur richten Zeit zugetragen. Zuerst machte sie sich einen Plan mit der Frage: Was möchte ich im nächsten Jahr verwirklichen?

Im darauffolgenden Jahr verwirklichten sich einige Samen exakt in dem Monat, in dem sie gesetzt wurden. Andere brauchten in dieser Zeit noch etwas länger.

## Schicksalsschläge meistern

Manche Schicksalsschläge sind nicht abwendbar. Sie können sich in den Rauhnächten offenbaren.

In einer Rauhnacht sah ich einen großen düsteren Wald, der sich mit nichts aus meinem Innweltraum auflösen ließ. Also gab ich mich schließlich den Engeln hin und wurde in den Rauhnächten unterwiesen, wie ich diese Situation Schritt für Schritt meistern konnte. Mir wurden Werkzeuge gereicht und Plätze gezeigt.

Das Jahr begann mit einem großen Unglück im engsten Kreise. Ich wusste, dass es meine Aufgabe war, dies zu begleiten. Wir meisterten das Jahr Stück für Stück. Vieles wurde gefügt und geführt, wenn es auch nicht erklärbar war. Ich suchte nicht nach Erklärungen, sondern folgte dem nächsten anstehenden Schritt und dem, was gerade war. Ich war sehr dankbar für diese innere Vorbereitung und die Unterweisungen in den Rauhnächten. Ohne diese wäre ich nicht imstande gewesen, diese Situation zu meistern.

Wir werden geführt, wenn wir uns für die Kräfte der Liebe, die Welt der Engel und die Welt des Geistes öffnen.

# Abschluss

Indem du dir die Ereignisse der Rauhnächte aufschreibst und dem Jahr folgst, wirst du die Magie und deine eigene Geschichte schreiben und erleben. Es ist nicht meine Aufgabe, dich von etwas zu überzeugen, was mich führt. Es ist meine Aufgabe, dir die Tür zu öffnen, sodass du deinem eigenen Weg folgen kannst und dein Leben immer mehr in deine liebenden Hände nimmst.

*Vertraue dir selbst und der Magie der Liebe, sie führt uns immer und jederzeit, wenn wir uns der zarten, liebenden Stimme unserer Seele öffnen.*

# ÜBER DIE
# AUTORIN

*Jeanne Ruland* bereiste viele Jahre als Flugbegleiterin die Welt. In den Ländern erhielt sie vielfältige Einblicke in die verschiedensten Facetten der Schöpfung, wobei ihre Liebe dem tieferen Sinn des Lebens galt und noch immer gilt. Sie erfuhr schon in frühen Jahren die Führung und Fügungen des unsichtbaren Reiches und damit die unglaubliche Fülle und Kraft, die das Leben für den Menschen in den unterschiedlichsten Lebenslagen bereithält. Dies möchte sie in ihren Werken an die Menschen weitergeben.

www.shantila.de

# BILDNACHWEIS

**Bilder von der Bilddatenbank Shutterstock:**
**Schmuckelemente auf allen Seiten:** #206636302 (©paprika), #118724644 (©Vjom), #217310068 (©evka119), #84844819 (©Anna Tyukhmeneva), #223418074 (©Fogflow), #148331588 (©All-about-Flowers), #70390237 (©Misao NOYA), #117584110 (©wenani), #155497373 (©therealtakeone), #117752422 (©LenLis), #148331588 (©All-about-Flowers), #203699698 (©paprika), #54612004 (©Itana), #349174877 (©Tatiana_Kost94), #232310047 (©sunlight77), #253824940 (©Olya Fedorovski), #121278235 (©EV-DA), #117383809 (©Katarina S), #115988665 (©Miroslava Hlavacova), #40462000 (©yxowert), #342407411 (©Magenta10), #319414043 (©Katja Gerasimova), #76791283 (©Essl), #113982766 (©alicedaniel), #21421117 (©Alexandra King), #88971004 (©alicedaniel), #83606635 (©miumi), #164630342 (©LenLis), #307095401 (©penguinpie), #66552280 (©Oksana Shufrych), #231805087 (©tomertu), #117752407 (©LenLis), #144845362 (©Kanea), #22054108 (©Gordan), #329088422 (©MaLija), #324009974 (©Feaspb), #87186739 (©Lukas Gojda), #247546312 (©Standret), #90349234 (©Woodhouse), #117867496 (©Banana Republic images), #155347775 (©kalmil), #76518859 (©Kudryashka), #275669618 (©Vitaly Zorkin), #210599164 (©tomertu)

**Weitere Bilder:** U2 sowie S.1/4/6 #232697392 (©AKaiser), S. 5 #152917304 (©elegeyda), S. 6 #12896632 (©ArTDi101), S. 46/48/50/80/73 #206636302 (paprika), S. 45–84 #203699698 (©paprika), S. 2–3/52–73 #118724644 (©Vjom), S. 4/35–38/40–44 #231805087 (©tomertu), S. 68–123 #217310068 (©evka119), S. 162–188 #337332749 (©NarongchaiHlaw), S. 191–200 sowie U3 #113138596 (©Ramona Heim), S. 5/32/56–85 #148331588 (©All-about- Flowers), S. 100–104/32–34/87 #66552280 (©Oksana Shufrych), S. 142–147/S.162–187 #395760370 (©DaneeShe), S. 154–161 #116010511 (©lazlo), S. 2 #166626149 (©Sunny Forest), S. 2/8/14 #247546312 (©Standret), S. 2–3/8/10 #324009974 (©Feaspb), S. 7/9/11 #87186739 (©Lukas Gojda), S. 10 #348704021 (©Bokasana), S. 14/24 #329088422 (©MaLija), S. 18 #1021434 (©elen_studio), S. 19 #247546312 (©Standret), S. 20 #106510538 (©Kichigin), S. 21 #177138077 (©Aphelleon), S. 24/25/107 #337332749 (©NarongchaiHlaw), S. 24 #249431365 (©TTstudio), S. 28/106/108/110 #154526885 (©Neteru), S. 30 #120440182 (©Natinka), S. 32 #354184991 (©www.iostephy.com), S.32/33/35 #387062572 (©Sofiia Balitckaia), S. 34 #218159815 (©somchaij), S. 44 #72933751 (©Pavelk), S. 45 #383719891 (©JurateBuiviene), S. 46 #54612004 (©Itana), S. 49 #20512625 (©Silvia Bogdanski), S. 51 #370244933 (©Marble background), S. 51 #293866763 (©Em7), S. 55 #67655083 (©Konstanttin), S. 56 #67856275 (©PinnacleAnimates), S. 59 #36246292 (©Olegusk), S. 61 #15702709 (©Magdalena Kucova), S. 63 #117780205 (©Syda Productions), S. 64 #350270024 (©agsandrew), S. 71 #141826885 (©D. Czarnota), S. 72 #92746549 (©Petar Paunchev), S. 72 #86957992 (©wongwean), S. 77 #397177582 (©Vasmila), S. 78 #358093826 (©Olonkho), S. 81 #350846264 (©CHOATphotographer), S. 82 #122397196 (©yevgeniy11), S. 85 #221247004 (©Creative Travel Projects), S. 80 #152963303 (©Grekov's), S. 74–75 #110922887 (©verevkin), S. 86 #304099886 (©Luminescence), S. 90 #234431521 (©Vilsone), S. 90 #221014819 (©Shutova Elena), S. 79/86 #90944174 (©Anna Omelchenko), S. 87/95/97/99 #104139128 (©Susan McKenzie), S.88/90/92 #222421393 (©JBOY), S. 95/97–99 #86106208 (©Yellowj), S. 99 #170520977 (©Amy Johansson), S. 101 #41991868 (©Oxa), S. 104 #365635862 (©Alik Mulikov), S. 105/122 #54718096 (©Rashevska Nataliia), S. 106–108/110/132 #87186739 (©Lukas Gojda), S. 107 #245892304 (©Only background), S. 107/110 #232117336 (©Vasmila), S. 108 #233873899 (©Smetana Natasha), S. 111 #82208440 (©Sofiaworld), S. 113 #131663540 (©Cora Mueller), S. 113–114/117 #161944154 (©oriartiste), S. 115 #44388136 (©Kevin Kozicki), S. 117 #320188736 (©Romolo Tavani), S. 118/120/122 #239540797 (©tomertu), S. 122 #197758043 (©MANDY GODBEHEAR), S. 124/126/128/155/156/158/160 #65799910 (©Petr Jilek), S. 124/128 #120289423 (©melis), S. 126/127/129 #158166074 (©LilKar), S. 130/132/134 #383451508 (©Nipol Plobmuang), S. 136/167 #351496037 (©Kumer Oksana), S. 137/140/182 #370244933 (©Marble background), S. 137/139/141 #411254173 (©ollen), S. 140 #94350877 (©block23), S. 141 #241601656 (©yanikap), S. 142/144/146 #144845362 (©Kanea), S. 145 #41202976 (©Khomulo Anna), S. 148/150/152 #168347642 (©tomertu), S. 148 #62239303 (©More Images), S. 152 287308358 (©muratart), S. 180 #66295591 (©llaszlo), S. 183 #118724644 (©Vjom), S. 185 #63568054 (©Kati Molin), S. 187 #275669618 (©Vitaly Zorkin), S. 188 #235925461 (©Standret), S. 187 #319566911 (©Senoldo), S. 177 #87823378 (©mironov), S. 173 #127360661 (©Wolfilser), S. 171 #360252740 (©Jozef Klopacka), S. 162 #227269279 (©tr3gin), S. 169/195 #395285707 (©Panzer), S. 192 #332046056 (©Lukas Gojda), S. 197 #53180644 (©Alin Brotea), S. 198 #284896424 (©Valentin Valkov), www.shutterstock.com

## WEITERE TITEL ZUM THEMA »RAUHNÄCHTE« VON DER AUTORIN ERSCHIENEN IM Schirner Verlag

**Das Geheimnis der Rauhnächte**
*Ein Wegweiser durch die zwölf heiligen Nächte*
112 Seiten
ISBN 978-3-89767-865-1

Auch als E-Book erhältlich:
ISBN 978-8434-6056-9

**Rauhnächte**
*Vorbereitung und Segnung für das neue Jahr*
ca. 60 Minuten
ISBN 978-3-8434-8330-8

Die »Rauhnächte« oder die 12 heiligen Tage zwischen Weihnachten und dem Dreikönigstag am 6. Januar gelten von alters her als heilige Zeit, in der möglichst nicht gearbeitet, sondern gefeiert, Rückschau gehalten und orakelt werden sollte. Jeanne Ruland hat in »Das Geheimnis der Rauhnächte« alles Wissenswerte zum Thema »Rauhnächte« zusammengestellt: Sie erhalten die wichtigsten Hintergrundinformationen aus den Bereichen der Natur- und Sternenkunde, des historischen Brauchtums und der Religion sowie ganz praktische Anleitungen, mit deren Hilfe Sie sich diese ruhigen und besinnlichen Tage ganz zauberhaft und nachhaltig gestalten können!

Mit der CD können wir uns jedes Jahr aufs Neue auf die kommenden 12 Monate vorbereiten. Wir reinigen unser inneres Feld von alten Energien und starten befreit und kraftvoll in das neue Jahr.